拳法要訣

金光錫 著

東文選 文藝新書
77

拳法要訣

金 光 錫

東文選

【〈권법拳法〉의 체통을 찾는 이론적 지침서】

해범海帆 김광석金光錫 선생과는 지난 1987년 정조正祖 명찬命撰 《무예도보통지武藝圖譜通志》의 실기해제實技解題 작업을 함께 한 바 있다.

우리 전통무예의 뿌리에 대한 논의가 다난多難한 이즈음 선생은 꾸준히 외길을 걷고 있는 그야말로 무예인武藝人임을 알 수가 있었다.

《武藝圖譜通志》24항목의 실기를 직접 재현하며 설명하는 가운데 그는 항시 무예인이 갖추어야 할 기본을 이렇게 강조한다.

「……무예武藝에서 반드시 지켜야 할 도덕 규범은 무덕武德을 숭상하여 몸을 단련하는 가운데 성性을 기르는 것이다. 무덕이란 덕성德性을 견고히 하고 심기心氣를 평온하게 하여 기技와 도道를 함께 중요시하는 데서 비롯된다……」

이는 비단 무예인뿐만 아니라 세상을 바로 살려는 사람 모두에게 해당되는 격언이라 하겠다.

《武藝圖譜通志》의 실기해제를 통하여 우리나라 전통무예의 기초를 재확인하면서 각기 항목별로 실기를 다지고 있는 그는, 지난 5년 동안에 전국 규모의 〈한국전통무예 전국대학생연합〉의 수많은 학생들에게 심혈을 기울여 그의 기예를 전수하고 있다.

1990년 11월, 〈제3회 한국전통무예 전국대학생 연구발표회〉에서 그는 다음과 같이 말하고 있다.

「……세상이 아무리 혼란하여 두서를 잃고 있다 해도 그것은 잠시의 방황일 뿐, 본디의 진리가 바뀌는 것은 아닙니다.

우리 한국무예도 크고 작은 시행착오를 거듭하고 있는 것이 사실이지만, 결국은 바른길로 되돌아오게 마련입니다. 왜냐하면 무예를 익히고 받드는 기본이 무릇 인격의 수양으로부터 비롯되는 것일진 대 끝없는 자기 수양은 진리로 통하는 길이 되겠기에 말입니다.

거듭되는 이야기이지만 무예란 심신心身, 즉 몸과 마음을 닦는 것입니다. 나아가서 전통무예란 또한 조상의 슬기가 바탕이 되어야 하는 것입니다. 우리에게는 세계에 자랑할 만한《武藝圖譜通志》가 엄연히 전하고 있습니다. 얼마나 다행한 일입니까. 그로 하여 우리 무예의 앞날은 밝기만 합니다.

젊은 무예동지 여러분, 부디 꾸준히 연마하여 전통을 이어 후세 로 넘겨 주는 진리의 파수꾼이 되어 주시기 바랍니다…….」

짧은 위의 내용에서 우리는 해범 선생의 무예관武藝觀은 물론이 요, 민족문화에 대한 남다른 애정을 읽게 된다.

그는 평소에 스승으로부터 물려받은 무예를 어떻게 하면 빠짐없 이 다음 세대로 전하느냐 하는 문제로 무척이나 고심하고 있다.

구전심수口傳心授의 옛 방법이 아닌 오늘의 젊은이들에게 효과 적으로 전하는 새로운 방법을 찾고 있다.

이러한 그의 단심丹心의 결정結晶으로 이번에《拳法要訣》을 세상 에 선보이게 된 것이다.

《武藝圖譜通志》를 한 항목씩 분석分析 해제解題하고자 하는 막 중한 과제의 시작이다. 뿐만 아니라, 해범 선생이 전수하고 있는 심 오한 사상적 기초 위에 전개되는 이론의 세계와 만나게 된다.

비단 권법에 국한하는 것이 아닌 무예 세계의 미학적 논리가 제1장 의〈기본원리基本原理〉에서 다루어지고 있다.

〈삼절법三節法〉〈심법心法〉〈안법眼法〉〈수법手法〉
〈신법身法〉〈보법步法〉〈오행五行〉

이상은 모두가 심心·신身의 조화를 다루고 있는 해범의 실증적 이론들이다. 결국 모든 무예는 〈손발 놀림〉이 아니라, 〈내적 짜여짐이 외적 기능을 발휘하는 것〉임을 조목조목 이르고 있다. 제2장의 〈경론勁論〉에서는

　　　〈경勁과 역力의 차이점〉〈경勁의 분류〉〈점경粘勁〉
　　　〈화경化勁〉〈나경拿勁〉〈발경發勁〉〈차경借勁〉

역力과 경勁의 차이점을 들어 연마와 내적 수련의 힘이 어떤 것인가를 설명하고 있다.

제3장의 〈내공內功〉에서는 동공動功·참공站功·정좌靜坐를 깊이 있게 다루고 있으며, 제4장에서는 〈용호비결龍虎秘訣〉을, 제5장에서는 〈수련법修鍊法〉을, 제6장에서는 〈기본공법基本功法〉을, 제7장에서는 《武藝圖譜通志》에 실려 있는 〈조선권법朝鮮拳法〉을 설명하고 있다.

이상의 구체적 권법·대련 들은 한두 번의 실연으로 체득되는 것이 아니라, 하나하나를 원칙대로 익혀가는 데서 조금씩 터득되는 것임을 강조한다.

또한 이 모든 것은 《武藝圖譜通志》와 함께 살펴야 함도 부언하고 있다. 체통 있는 우리의 권법을 되찾아 정립하는 일은 서둘러야 하는 일 중의 하나이다. 오늘의 현실이 오합지졸이요, 기본이 되어 있지 않을진댄 더욱 그러하다.

해범 선생의 《拳法要訣》은 들떠 있는 우리 무예계에 새롭게 던져지는 〈이론을 바탕으로 한 실기 지침서〉이다.

실제 몸을 움직여 창출해내는 마당에 여기에 마음이 또한 따라야 하는, 권법의 실제를 글로써 표현한다는 것은 어려운 일이 아닐 수

없다. 해범 자신도 말하고 있듯이 〈써놓고 보아도 시원치 않은 곳〉
이 있으리라. 더욱이 구전심수한 〈논리〉들이 적당한 단어를 찾지
못하여 아직도 머리가 무겁다고 한다.

실상, 무예서는 물론이요 무용도해舞踊圖解를 보고 그의 실제를
재구再構하기란 쉬운 일이 아니다. 그러나 어려운 만큼 우리가 해
내야 하는 숙제이기도 하다.

끝으로 첨언하고 싶은 것은 《拳法要訣》은 비단 권법에만 국한되
는 것이 아니라, 모든 무예를 익히는 데 기본적 입문서의 내용도 담
고 있음이다.

따라서 한국적 체조의 개발은 물론이요, 전통무용과의 비교연구
를 위해서도 꼭 참조되어야 한다.

해범의 뜻대로 〈심心·신身의 수련을 통한 무한한 자기 수양〉에
이 책이 또한 크게 도움이 될 것을 믿어 의심치 않는다.

沈 雨 晟(우리문화연구소장)

【권법拳法 정립의 기틀이 되었으면】

　오늘의 우리 전통무예가 과연 전통성을 지니는 것이냐에 대한 논의가 갑자기 분분해지고 있다.

　또한 우후죽순처럼 생겨나고 있는 그 숱한 무예들이 어떠한 근거에서 전통무예임을 주장하는가에 대하여도 논란이 많다. 그러나 이러한 시시비비와는 관계없이 우리의 전통무예는 확고한 증거를 지니고 있다.

　그 규모와 내용으로 세계에 자랑할 만한 《武藝圖譜通志》가 바로 그것이다. 동양 3국은 물론이요, 서양에 있어서도 이만한 수준의 무예서는 쉽지가 않다. 이 보배로운 《武藝圖譜通志》를 대할 때마다 한 무예인으로서 이 땅에 태어났음에 감사하게 된다. 어떤 사람은 그 내용에 불만을 표시하기도 하지만 그것은 경솔한 생각이다. 무예란 실제 심신을 바쳐 익혀 닦는 데서 터득되는 것일진대 어찌 그것을 글과 그림으로 완벽하게 나타낼 수 있겠는가?

　그런 면에서 볼 때 《武藝圖譜通志》는 참으로 오랜 심사숙고 끝에 이룩된 소중한 문서인 것이다.

　진리를 글로 써놓았을 때, 우리는 그 글을 천독만독해야만 비로소 참뜻을 알까말까 한 것이다. 끊임없이 읽고, 분석하고, 재현하는 데서 우리는 《武藝圖譜通志》의 진수를 조금씩 체득하게 되리라는 생각이다.

　1987년 《武藝圖譜通志》의 실기해제본을 낸 후, 뜻밖으로 우리의 전통무예에 뜻을 둔 젊은이들이 〈한국전통무예 전국대학생연합〉을 만들어 해마다 연례적으로 발표회를 거듭하고 있고, 그 규모도 확장되어 가고 있음을 본다.

　참으로 반가운 일이면서도 한편으로는 막중한 책임을 느끼면서 이번에《拳法要訣》을 엮게 된 것이다.

　《武藝圖譜通志 實技解題》가 총론이라면, 이번 책은 이제 각론으로 접어드는 첫번째 작업이라 할 수 있겠다.

　책을 엮으면서 마음과 몸의 조화로써 이룩되는 무예의 경지를 글로써 표현한다는 것이 얼마나 어려운 것인가를 새삼 느끼지 않을 수 없었다. 문장을 부드럽게 다듬기보다는 소중한 문헌을 비롯하여 구전심수로 익힌 법도에 되도록이면 가까운 어휘를 찾고자 했다. 혹시나 미심쩍은 대목이 있을지라도 몇 번이고 되새겨 뜻을 음미하므로써 실상을 찾아내도록 노력해 주었으면 한다.

　무예인이 기예를 닦음은 결국 자기 수양에 있음은 두말할 나위도 없다. 이 작은 책자도 한국무예의 기본정신에 어긋남이 없는 권법을 재정립하는 데 기틀이 되면서 무예인의 인격을 도야하는 수양서의 역할도 했으면 하는 욕심이다.

　친절하면서도 소상한 서문을 주신 민속학자 沈雨晟 선생과 출판을 맡아준 東文選에 깊은 감사의 뜻을 보낸다.

金 光 錫

권법요결拳法要訣

拳法要訣

●

　권법拳法은 고금古今의 무예武藝 중 도수(맨손)기술徒手技術을 가리킨다. 권법拳法의 별칭은 매우 많아 상박相搏·수박手搏·백타白打·권술拳術 등으로 불리었다.

　무예武藝의 기술내용은 크게 도수기술徒手技術과 병기기술兵器技術로 나눌 수 있다. 손에 병기兵器를 잡고 연무하는 것은 손이 연장된 권예拳藝로 볼 수 있다. 권법拳法은 병기기술兵器技術을 배우고 익히는 기초가 되며 모든 무예武藝의 근원根源이 된다.

　무예武藝에서 반드시 지켜야 할 도덕규범道德規範은 무덕武德을 숭상하고 몸을 강하게 하며 성性(심신心神)을 기르는 것이다.

【第一章】

基本原理

基本原理

【삼절법三節法】

무예의 이론으로는 사람의 몸을 삼절三節로 나눈다. 즉 손과 팔은 초절梢節이 되며, 허리와 배는 중절中節, 발과 다리는 근절根節이 된다.

한 걸음 더 나아가 말하면, 삼절三節의 각 부분을 또다시 삼절三節로 나눌 수 있다. 예를 들면 손(手)은 초절梢節의 초절梢節이 되며, 팔꿈치는 초절梢節의 중절中節이 되고, 어깨는 초절梢節의 근절根節이 된다.

또 가슴은 중절中節의 초절梢節이 되고, 배(服)는 중절中節의 중절中節이 되며, 단전丹田은 중절中節의 근절根節이 된다. 발은 근절根節의 초절梢節이 되고, 무릎은 근절根節의 중절中節이 되며, 대퇴大腿는 근절根節의 근절根節이 된다.

삼절三節의 요결要訣은 〈초절이 일어나면, 중절은 따르고, 근절은 이를 좇는다 梢節起, 中節隨, 根節追〉는 것이다. 즉 〈기起·수隨·추追〉의 삼자三字로 요약된다. 예를 들면 주먹(拳)을 치는 동작에서 권拳은 초절梢節의 초절梢節이 되고, 권拳이 움직인 후에 팔꿈치(中節)가 따르고, 어깨(根節)가 이를 좇게 된다. 이래야만 비로소 힘을 발휘하여 순조롭게 도달할 수 있다. 앞을 향해 걸음을 옮길 때, 발이 일어나면(起) 무릎이 따르고(隨) 대퇴大腿가 이를 좇는다(追). 이렇게 해야 비로소 중심을 잡고 앞으로 이동할 수 있으며, 발가락이 땅을 잡아 온건하기가 태산과 같이 되는 것이다.

이를 다시 설명하면, 손과 팔이 일어나 앞으로 치고 나아가면 허리와 가슴이 따르고 발과 다리가 이를 좇는 것이다. 초절梢節이 일어나 이끌고 나아가면, 중절中節은 초절梢節이 향하는 곳으로 순리대로 따르면서 힘을 더해 주고, 근절根節은 이를 좇되 온건하면서도 안정되게 신체를 지탱해 주어야 한다. 또한 지탱하는 반작용의 힘을 중절中節을 통해 초절梢節에 전달해 주어야 한다.

예를 들어 좌궁보左弓步를 만들면서 오른손으로 앞을 향해 찔러칠 때, 초절梢節인 우권右拳이 공격 목표를 향해 나아가면 중절中節인 허리를 왼쪽으로 돌리면서 오른쪽 어깨가 앞으로 나아가고 팔꿈치는 앞으로 뻗어야 한다.

근절根節인 하지下肢는, 양발바닥은 착실하게 땅을 딛고 발가락은 땅을 움켜쥐듯 고정되어야 한다. 왼쪽 다리는, 지탱하는 반탄력反彈力을 위로 전전傳해서 상체가 앞으로 기울어지지 않게 받쳐 주어야 한다. 동시에 오른쪽 다리는 굳건하게 지탱하여 반탄력의 힘을 순차적으로 오른쪽 무릎과 허리를 거쳐 계속해서 오른쪽 어깨를 통하여 오른손 권면拳面에 순조롭게 바로 전해 주어야 한다.

삼절三節은 무예武藝 동작과정 중 지체肢體 배합운동의 기본원리가 된다. 즉 상지上肢는 인체의 내기內氣가 어깨를 통하고, 팔꿈치를 경유하여 손목을 지나 손에 이르는 길이 된다.

하지下肢는 인체의 뿌리가 되므로 온건하고 안정되어야 한다.

몸통(軀幹)은 인체에서 중절中節이 된다. 이를 다시 척추에서 상절上節·중절中節·하절下節로 나누며, 요추腰椎는 중절中節의 중절中節이 되고, 요추腰椎의 위는 중절中節의 상절上節이 되며, 요추腰椎의 아래는 중절中節의 하절下節이 된다.

중절中節의 하절下節은 가슴과 허리를 받쳐서 세워 주며, 돌고움직이는 데 기초가 되어야 기氣가 단전丹田으로 돌아오는 데 유리할 뿐만 아니라, 기氣가 사초四梢로 통하는 데도 유리하므로 반드시 온건해야 한다.

중절中節의 중절中節은 신체 정중앙의 축軸이 되며, 상하上下가 하나의 기기氣로 연결되어 원활히 움직이게 해야 한다.

중절中節의 상절上節은 앞뒤로 기울거나 좌우左右로 돌 때 허리를 따라 움직여야 신법身法 동작을 완성한다. 그러므로 상절上節은 허리를 따라 순리대로 움직여야 한다.

근절根節은 발發하는 경력勁力을 이끌어 초절梢節에 옮겨주고, 초절梢節은 공격해 나아가는 동작의 방향을 목표로 인도하여 서로 결합하므로 근根과 초梢는 서로 이끄는 것이 된다. 즉 초절梢節은 인체의 끝부분으로 공격하는 신체 부위를 가리키는 것이고, 근절根節은 공격하는 초절梢節을 지탱해 주는 신체 부위를 말한다.

예를 들면 팔꿈치로 찔러칠 때에는 팔꿈치가 초梢가 되고, 신체를 지탱하는 양다리는 근根根이 된다. 팔꿈치는 상지上肢에서 중절中節이 되지만, 공격해 나아가는 부위의 끝부분이 초절梢節이 되므로, 팔꿈치로 공격할 때에는 팔꿈치가 초절梢節이 되는 것이다.

중절中節은 초절梢節과 근절根節 사이를 말하며 움직임의 규격, 공격의 정확성, 경력勁力의 축蓄과 발發 등에 영향을 준다.

중절을 다시 설명하면, 전신全身에서 볼 때에 몸통이 중절이 되고, 몸통의 중절은 허리가 된다. 외형의 동작은 허리를 축으로 삼고 사지를 움직이니, 상하가 서로 따르고 좌우가 서로 돌보게 된다. 그러므로 허리의 영활성은 기예技藝의 수준을 가늠하는 표준의 하나이다. 만일 권법拳法을 연마하면서 허리가 유연하고 영활하지 못하면 그 기예技藝도 높아질 수가 없다.

상지上肢에서는 팔꿈치가 중절中節이 되며, 중절中節은 초절을 따라야 한다. 만약 팔꿈치가 순리대로 초절梢節의 움직임이나 굴신屈伸을 따르지 못하면, 상지上肢의 운동 노선이 흐트러져 동작이 원하는 규격에 맞지 않고, 경력勁力의 방향도 확실치 않게 된다. 예를 들어 주먹을 찔러칠 때 주먹은 앞을 향해 곧게 뻗고, 팔꿈치는 이에 응하여 주먹이 가는 길을 따라야 한다. 만약 팔꿈치가 밖으로 벌어지면 권拳의 방향은 안으로 치우치게 되고, 팔꿈치가 안으로 움직이면 권拳의 방향은 밖으로 벌어지게 된다. 팔꿈치가 아래로 움직이면 권拳의 방향은 위로 옮겨지고, 팔꿈치를 위로 들면 권拳의 방향은 아래를 향하게 된다.

하지下肢에서는 무릎이 중절中節이 된다. 앞차기 등 곧게 헤치면서 차는 퇴법腿法이 완성됐을 때의 요구사항은 상지上肢의 경우와 같다. 즉 무릎은 발이 공격하는 자취를 따라 움직여야 한다. 앞차기·등퇴 등 무릎을 구부렸다 펴면서 차는 퇴법腿法의 과정에서는, 무릎과 발이 따라 일어나면서 긴밀히 연결되어 무릎이 안정된 후에 발로 차는 것이다. 다시 말하면, 먼저 무릎을 구부려 들어올려 무릎의 위치를 고정시키고, 대퇴부를 통해 나온 경력勁力이 무릎을 통해 발로 전해져 공격목표를 향해 차가는 것이다.

주의할 점은, 목표를 향해 나아갈 때 팔꿈치와 무릎을 밖으로 벌리면 안 된다. 팔꿈치가 벌어지게 되면 겨드랑이가 드러나게 되어 옆구리와 겨드랑이를 방어하기 어렵게 되고, 또 앞을 향해 칠 때 직선으로 목표에 이를 수 없게 된다. 그러므로 팔꿈치는 옆구리를 떠나지 않아야 하며, 손이 앞으로 나아가거나 구부려 거두어들일 때에도 팔꿈치가 반드시 옆구리 부분에서 나아가고 들어와야 한다.

또한 무릎이 바깥으로 벌어지면, 가랑이가 드러나게 되어 가랑이 부분을 방어하기 어려워 해를 입게 되고, 무릎 안쪽을 공격당하기 쉽게 된다.

옛글에 『삼절三節을 분명하게 알아야만 손·발·몸이 정밀하게 배합된다』라고 하였다.

초절梢節을 안다는 것은 양손은 서로 변환하고, 몸과 마음이 서로 따르면서, 서로 구원하고 보호한다는 뜻을 가리킨다. 중절中節

을 안다는 것은 손은 가슴과 배를 떠나지 않고, 팔꿈치는 늑골을 떠나지 않으며, 높이 뛰어오르거나, 낮게 내리누르거나, 좌우左右를 막고 감싼다는 뜻을 말한다. 또한 근절根節을 안다는 것은 낮게 나아갔다가, 높게 물러나는 것을 말한다.

만약 발이 나아가는 데 몸이 따라 나아가지 않거나 발이 물러나는 데 몸이 따라 물러나지 못한다면, 수법手法이 제아무리 익숙하다 해도 이를 운용함에 있어서는 힘이 없는 것이다.

그러므로 손이 이르면 몸이 이르고, 보步가 변화하면 즉시 몸이 돌아 상대에게 공격할 틈을 주지 않아야 한다. 공격할 때에는 용감하게 주먹이 나아가면서 몸이 따르고, 발이 이를 좇으면서 전신의 힘을 권拳에 집중하여 신속하게 쳐야 한다.

권법拳法의 모든 동작은 삼절三節을 배합한 움직임으로, 진進·퇴退·격타擊打시에 신법身法을 함께 운용한 것이다. 그러므로 몸(身)·손(手)·발(脚)·내외內外가 하나가 되도록 하는 것이 연습의 요결이 된다.

【심법心法】

심心은 사유思惟하는 기관器官으로, 사상思想·의식意識·정신精神 등이 생겨나는 곳으로 심사心思·심의心意·심신心神이라고도 말한다.

무예武藝에서 심心은 움직임을 주재主宰하므로 수족手足의 운용은 모두 심心에 따르는 것이다.

심법心法이란 마음(心)으로 기식氣息과 동작을 지배하는 방법을 말한다. 심법心法은 오직 마음(心)뿐이라는 추상적인 것이 아니라, 무예武藝를 수련하며 움직이는 중에 스스로의 체험을 통해 깨닫게 되는 〈마음(心)으로 몸을 다스리는 방법〉을 말한다.

다시 말하면 마음(心)은 심지心志의 모든 활동을 포함하고, 형形은 인체의 모든 외형外形 동작을 말한다. 수련하는 사람이 행하는 동작의 방법에 대하여 그 의미를 깨달으면 일정한 의식意識을 형성하게 된다. 그 의식意識으로 기식氣息과 지체肢體를 통제하여 깨달음의 규격에 따라 움직이게 하므로 일정한 외형外形 동작이 생겨나는 것이다. 간단히 말하면 의식意識이 동작을 지배함을 말한다.

이러한 수련은 사유기관思惟器官의 활동과 신체의 활동이 순서 있게 배합되어 마음이 움직이면 형체가 따르고, 신神과 형形을 겸비하게 된다.

심법心法은 응심凝心·용의用意·전신傳神을 포괄하고, 담담膽의 수련과 잡념雜念을 없애는 법법法法을 알아야 한다.

● 응심凝心 —— 응심凝心은 마음(心思)을 모으고 정신精神을 하나에 집중하여, 위험하고 혼란스러움을 만나는 경우에도 마음이 흔

들리지 않음을 말한다.

구체적인 법法은 잡념을 없애고, 마음을 수련에 집중하는 데 있다. 정공靜功을 수련할 때 동작의 규격 등에 마음(心思)을 한 곳으로 모을 수 있으면, 수식數息·청식聽息을 통해 응심凝心에 도달하게 된다.

옛글에『수식數息의 공功은 바로 부동심不動心의 도道이다. 수식數息의 법法은 기氣의 출입出入하는 감각에 주의하여 모든 생각을 버리고, 하나에서 다섯까지 또는 하나에서 열까지 그 도수度數를 묵기默記한다』라고 하였다. 반복하여 수數를 헤아리면서 마음을 그곳에 집중하면 응심凝心에 도달한다는 뜻이다.

청식聽息은 기식氣息의 출입出入과 몸 안에 흐르는 감각에 주의력을 집중하여 응심凝心에 도달함을 말한다.

주의해야 할 점은 수식數息은 헤아리는 수數가 너무 많으면 안 되고, 청식聽息은 억지로 진력을 다하여 집착하면 안 되는 것이다.

● **용의用意** — 용의用意는 의념意念으로 기식氣息과 신체운동을 계시啓示하고 지배하는 것을 말한다. 용의用意의 법법에는 중요한 네 가지 방법이 있다.

① 동작의 규격에 따라 의식意識으로 지체肢體를 지배하는 법이다. 이 법法은 반드시 먼저 동작의 기술표준을 명확히 하고, 이어서 의意로써 동작을 이끌어야 한다.

② 수련할 때 의意로써 신체의 감각을 느끼고, 의意로써 이러한 감각을 일정한 요구에 따라 계속해서 지배해 나가는 법이다.

예를 들면, 내공內功을 수련할 때에는 먼저 몸 안에 기식氣息이 흐르는 감각을 느끼고, 이런 감각을 느낀 후에는 의식意識으로 이런 종류의 기감氣感을 단전丹田으로 모으거나, 혹은 신체의 원하는 부위로 이끌어 흐르게 하고, 또는 몸 밖으로 내보내기도 한다.

또한 동공動功과 권술拳術을 수련할 때에는 신체에 미치는 공기 저항력의 감각을 느껴야 하고, 상대와 겨룰 때에는 접촉하는 피부의 감각을 느껴야 한다. 만약 물 속에서 수련하거나 흙탕물 속에서 움직인다고 할 때에는 지체肢體의 움직임이 받는 물에 잠기고, 뜨고, 물 위를 떠다니는 감각과 흙탕물이 가로막고, 달라붙는 감각 등을 찾아서 느껴야 한다.

③ 상대를 맞이했을 때의 감각으로 동작을 지배하는 법이다. 구체적인 방법은 움직이기 전에 가상으로 상대의 진공進攻 의도나, 나를 향해 진공進攻하는 부위를 추측하여, 움직일 때 마치 상대를 대하는 것같이 공방攻防의 초법招法을 수련하는 법법이다.

④ 전신의 내외內外 각 부위가 협조하여 움직이도록 의식意識으로 통솔하는 법법이다. 의意로써 기氣를 이끌어 움직이는 부위로 흐르게 하여 의意가 도달하면 기氣가 도달하고, 기氣가 도달하면 힘이 생기고, 형체의 움직임을 인도하게 하는 수련법이다.

● **전신傳神** — 전신傳神은 눈빛·표정·외형外形이 움직이는 상태를 통하여 표현되는 무예武藝의 의식意識과 개성심리個性心理의 특징을 말한다.

다시 말하면 수련하는 사람의 마음 속 의식활동意識活動과 지체肢體 움직임을 하나로 모으고, 기술풍격技術風格과 개성심리個性心理의 특징을 하나로 모아 종합하여 표현하는 것이다.

개성심리個性心理의 특징이란, 다른 사람과 구별되는 기질氣質과 성격性格을 말한다.

무예武藝의 의식意識은 무예武藝 동작의 〈신神〉이 된다. 이것은 무예武藝 동작의 본질本質에 대한 특징을 이해하는 데서부터 나온

다. 예를 들면 공방攻防 동작의 특이점에 대한 이해, 혹은 동작이
다른 경법勁法의 특이점에 대한 이해, 또는 동작이 다른 기법技法
과 신형神形에 대한 특이점의 이해 등을 모두 모으는 데서부터 무
예武藝의 의식意識이 이루어지고, 수련자가 주도主導하는 심리활동
心理活動이 되는 것이다.

　나아가 지체肢體의 움직임을 지배하고, 안의 의意와 밖의 형形이
하나가 되면 동작은 무예武藝의 의식意識을 표현하게 되고, 동작 자
체의 신神[혹은 기품·의미·운치라고도 말한다]이 표현되어 나온다.

　수련자가 동작에 융합되고 동작을 통하여 자기 특유의 기질과 성
격을 표현해내고, 동작에 독특한 풍격風格을 갖추게 되면 수련자의
신神은 예술적으로 표현되어 나온다. 자신自身의 신神과 동작적인
신神이 서로 융합하여 표현될 수 있으면 전신傳神 공부功夫는 상승
上乘에 이른 것이다.

　● **담膽의 수련법** ─ 담膽이란 험난한 난관도 두려워하지 않고 용감
하게 나아가는 의지意志이며, 담량膽量·담력膽力·담기膽氣를 포
함해서 말한다. 옛글에 말하기를『만약 상대와 겨룰 때 먼저 담膽이
없으면 스스로의 눈이 날카롭고 손이 민첩하여도 쓸모없는 것이다』
라고 하였다. 담膽은 기예技藝를 확실히 발휘하게 할 뿐 아니라, 상
대와 겨룰 때에는 그 움직임을 더욱 확실하게 발휘할 수 있게 한다.

　무예武藝는 담膽을 기초로 하고 있으며, 담膽은 무예의 발휘를
보증하니, 무예를 익히는 사람은 예藝와 담膽을 함께 단련해야 한다.

　담膽은 일반적으로 다음과 같은 방법으로 수련한다.

　① 좌공坐功·참공站功 등의 방법으로 호흡呼吸을 가라앉히고

마음을 안정시켜서, 주의력을 집중하는 능력을 수련한다. 호흡呼吸이 고르고 마음이 안정되면, 어떠한 상황에 처하게 되어도 당황하지 않고 침착하게 그 상황을 처리하게 된다.

② 무예武藝의 기능技能과 몸의 능력을 더욱 강하게 단련하면, 기술技術의 난점難點을 끊임없이 극복하는 과정중에 점차로 자신감을 키우게 되고, 기예技藝가 뛰어나게 되며 담력이 커지게 된다.

③ 적합하지 않은 장소·기후·시간 등의 역경 속에서 수련을 하여 역경을 극복하는 능력을 키우게 되면, 더욱 자신감을 갖게 되고 어려움도 두려워하지 않는 담량膽量을 증강시키게 된다.

④ 대련對鍊을 통한 수련에서는, 처음에는 신체조건과 기술수준이 뚜렷하게 큰 차이가 나는 무리한 대련을 피해야 한다. 그러나 그 기술수준이 일정한 정도에 이르게 되었을 때에는 대련의 폭을 더 넓히고, 타법打法을 다르게 하는 등 상대의 움직임을 미리 예측하지 못하는 상태에서 수련을 해야 한다. 이러한 수련을 통해 견식을 더 넓히게 되고, 어려운 상황에서도 침착하게 처리하게 되며 강함을 만나도 겁을 내지 않는 담력膽力을 기르게 된다.

◉ 잡념雜念 제거법 — 무예武藝를 수련할 때에는 반드시 의식意識을 집중하여 동작의 정확성을 유지해야 예기豫期한 효과를 이룰 수 있게 된다. 만약 잡념雜念이 있어 어지러우면 반드시 잡념雜念을 없애야 한다.

① 동작의 기법技法에 주의하여 잡념雜念을 제거하는 법法이다. 이 법法은 잡념雜念을 없애는 기본방법으로 수련할 때에 동작의 노선路線·동작의 요령·동작에서 공방攻防의 뜻·동작과 동작 사이

의 전환轉換 순서와 방법에 주의하여 점차 잡념을 몰아내고, 의식을 무예武藝 수련에 집중하게 한다.

② 상대성相對性에 맞추어 잡념雜念을 없애는 방법이다. 예를 들어 만약 미끄러운 장소가 염려되면 마땅히 장소를 정리하여 그 우려됨을 없애야 한다. 즉 물질적인 장소나 환경 등에서 나오는 걱정은 물질적인 면에서 해결하고, 사유思惟적인 면에서 일어나는 염려는 정서情緒의 안정 등 자기 스스로의 심리心理 조절을 통하여 해결해야 한다.

③ 주의력을 집중하는 능력을 단련鍛鍊하는 법法은 잡념雜念을 제거하는 근본적인 방법이다. 평상시에 움직이는 물체, 즉 나는 새나 움직이는 물건의 변화 등을 주시하는 연습을 하면 주의력을 높여 주고, 의식意識을 신속하게 집중하며 잡념雜念을 몰아내는 능력을 양성養成하게 된다.

【안법眼法】

　안법眼法은 눈동자와 눈빛을 운용하는 방법으로 민감하고, 날카로우며, 맑아야(淸) 한다. 안법眼法에서 요구하는 것은 정신精神을 눈(眼)에 모으고, 안신眼神을 엄숙히 하며, 눈빛은 탐심貪心이 없이 상대를 주시하므로써 상대로 하여금 측량할 수 없게 해야 한다.

　눈(眼)의 움직임은 머리의 움직임과 밀접한 관계가 있다. 머리의 움직임은 상지上肢와 구간軀幹 근육을 반사적으로 긴장하게 한다. 그러므로 눈(眼)이 섬전처럼 빠르려면 반드시 목의 관절이 영활해야 하며, 눈(眼)이 바르고(正) 몸이 바르려면(正) 반드시 머리가 발라야(正) 한다.

　눈(眼)은 마음(心)을 전하는 기관으로 신의神意를 표현하는 〈창窓〉이다. 마음(心)이 움직이면 눈동자가 바로 그것을 전한다. 사람의 몸은 그 운용이 모두 마음(心)에 있고, 그 전신傳神은 모두 눈(眼)에 있으니 반드시 정신精神을 모아 주시해야 한다.

　또한 눈(眼)은 전신全身의 영靈으로써 살피고 대응하며 변화하는 데 선행先行한다. 손과 발의 움직임은 모두 눈(眼)이 마음에 비추이고, 뇌腦에 알리는 것이다. 뇌腦의 결정은 눈(眼)과 귀(耳)가 정탐한 상황에 의하여 정해진다.

　옛말에 〈눈(眼)으로는 육로六路를 살피고, 귀(耳)로는 팔방八方을 듣는다〉라고 하였다. 육로六路는 전前·후後·좌左·우右·상上·하下를 가리키며, 팔방八方은 동東·서西·남南·북北·동북東北·동남東南·서북西北·서남西南을 가리킨다. 즉 육로六路와 팔방八方은 자신의 주위를 가리킨다. 눈(眼)으로 살피고, 귀(耳)로 듣는다는 것은 감각기관으로 주위의 변화를 통찰한다는 것이다.

두 눈은 상대의 어느 부위를 응시하면서도 눈(眼)의 여광餘光과 귀(耳)의 청력, 피부皮膚로 주위의 기류氣流 변화 등을 감지하여 주위 상황을 종합적으로 살펴 분석하고 판단하여 이에 상응하게 반응해야 한다.

눈(眼)은 동작의 진공進攻 방향을 주시해야 한다. 눈(眼)과 손(手)의 동작 배합은 함께 시작하고, 함께 행하며, 함께 고정되니, 여기에는 선후先後의 구분이 없이 눈(眼)과 손(手)은 서로 따르는 것이다. 전신 각 부분의 동작과 긴밀히 맞추어 눈(眼)이 이르면 손이 이르며, 눈(眼)이 이르면 발이 이르고, 눈(眼)이 이르면 몸이 이르도록 해야 한다.

평상시 수련할 때에는 평직하게 보아야 한다. 절대로 아래로 내리깔거나, 좌우左右로 비껴보거나, 위로 치켜떠서 한쪽으로 기울거나 치우치면 안 된다.

【수법手法】

수법手法은 상지上肢 전부분의 운용을 가리키는 것이며, 어깨·팔꿈치·손목·손·손가락 모두의 움직임이 그 안에 속한다.

어깨는 상지上肢의 근절根節로 몸과 손이 통하는 길에 연접해 있어 동력動力을 전해 주는 관구關口가 된다. 어깨는 자세가 변할 때에는 편안하고 순조로워야 하며, 자세가 정해지면 가라앉혀야 한다.

삼절三節에서 보면, 근절은 상대적으로 온건하게 고정시키고 초절을 비틀어 돌리면서 발發하는 것이다. 상지上肢에서 예를 들면, 주먹을 찌를 때에는 어깨 관절은 온건하게 고정시키고 팔뚝을 안으로 돌리면서 찌르는 것이다.

팔꿈치(肘)는 상지上肢의 중절中節로 영활하게 변화해야 하고, 내려뜨리지만 드러내지 않아야 한다.

손(手)은 상지上肢의 초절梢節로 수법手法을 가장 직접적으로 표현하는 것이므로 반드시 영활하게 잘 변화해야 한다.

손이 일어날 때(起手) 주의해야 할 점은 손은 가슴을 스치면서 올리고, 팔꿈치는 심장을 보호하면서 나아가야 한다. 손이 나아갈 때에는(出手) 나선형으로 선회하면서 가슴에서 곧바로 나아가야 한다. 출수出手는 부드러워야 하고, 목표를 격중할 때에는 강력해야 한다.

출수出手할 때 손과 발의 동작은 동시에 이르러야 한다. 예를 들면 발이 궁보弓步로 나아가면서 충권衝拳으로 찌를 때 발이 나아가는 과정은 권拳이 뻗어 나아가는 과정이며, 하지下肢가 궁보弓步를 이루었을 때는 바로 권拳이 목표를 격중했을 때이다. 손발이 동시에 이르지 않으면 공격력은 작아지나, 반대로 손발이 동시에 이르면 공격력은 커지게 된다.

출수出手할 때에는 갖가지 공격 초법招法을 함유하고 있어야 하며, 손을 거두어들일 때에는(回手) 아무런 공방攻防의 의미 없이 그냥 거두어들이는 게 아니라, 구鉤(걸어당기다)·루摟(감아당기다)·랄捋(잡아채다)·대帶(이끌다) 등의 힘을 띠고 있어야 손을 거두어들이는 기세를 따라 상대가 나의 힘이(舊力) 지나가고 아직 새로운 힘(新力)이 생기지 않았을 때를 틈타 공격해오는 반격을 방비해야 한다. 이렇게 출수出手에도 초招가 있고, 회수回手에도 법法이 있어야 양팔의 공방攻防 작용이 비로소 충분하게 운용될 수 있으며, 권식拳式이 엄밀하여 틈이 없게 된다.

옛글에 『장수長手는 신속한 힘을 귀貴하게 여기고, 단수短手는 자기를 돌봄을 귀貴하게 여기니, 평소에 장수長手를 연습하지 않으면 기기氣를 통할 수 없으며, 상대와 겨룰 때 단수短手가 아니면 스스로를 보호하기에 충분하지 않게 된다』라고 하였다. 그러므로 기격技擊을 수련할 때에는 장단長短을 번갈아가며 함께 수련하고 강유剛柔가 서로 돕는 데 주의해야 한다.

전후前後 손의 움직임은 특히 머무르는 위치가 분명하면서도 반드시 힘이 있어야 한다. 이때 손의 움직임은 정지해 있는 것처럼 보이나 영기靈氣의 움직임은 멈추지 않아야 한다. 한 번 멈추면 기기氣가 쉬게 되어 다음의 세勢와 틈이 생기게 되니 주의해야 한다.

대적시에는 손은 가슴 앞(中門)을 떠나지 않아야 하고, 초법招法을 운용할 때에는 신체의 정전방正前方(子午)을 양보해서는 안 된다. 신체 부위 중 눈·목·장기臟器·음부 등 쉽게 격상되기 쉬운 요해 부위는 모두 신체의 정면에 위치해 있다. 그러므로 대적시에는 팔꿈치 부위는 늑골을 벗어나지 않게 늑골 부위 가까이에서 들어오고 나아가야 하며, 손은 가슴 앞을 떠나지 않게 가슴 앞에서 출입出入하면서 정중앙을 벗어나지 않아야 한다.

이런 모양은 긴밀하고 민첩하여 팔꿈치로는 양겨드랑이와 늑골을 보호하고 손은 위로는 머리, 가운데는 심장, 아래로는 음부를 방어하기에 유리하다. 또한 손이 정중앙에 있으면 몸의 어느 부위를 방어하든 가장 가까운 위치에 있으며, 적을 공격하는 거리도 가까우므로 빠름으로 느림을 제압하고 상대의 요해를 곧바로 치는 타법打法이 된다.

수법手法의 종류는 다양하며, 그 내용도 풍부하다. 크게 분류하면 공격과 방어로 나눌 수 있으며, 손과 발의 형태에 따라 분류하면 권拳・장掌・구鉤・주肘 등의 법法이 있고, 움직이는 방향에 따라 분류하면 위에서 아래로, 아래에서 위로, 뒤에서 앞으로, 앞에서 뒤로, 좌우 옆으로, 원형圓形으로 휘감는 등의 수법手法이 있다.

수법手法에서 권拳은 가지런하면서도 견고하게 움켜쥐되 힘이 있어야 한다. 나아갈 때에는 느슨해도, 맞힐 때에는 정확하고 사나워야 한다. 거두어들일 때에는 바람처럼 빠르고, 막을 때에는 철벽과 같아야 한다.

장掌은 앞을 향해 밀고, 정면으로 치고, 손바닥을 뒤집어 되돌려 친다. 또한 감고 누르고, 상하上下로 쪼개고, 좌우左右로 채면서 스친다.

구수鉤手는 세지細枝로 좌우左右로 유인하여 조수爪手로 맞이한다. 조수爪手는 움키고, 밑에서 받쳐들고, 신속하게 잡아채고, 찌르고, 후비며, 사로잡는다.

수법手法의 뿌리(根)는 발에 있으며, 다리에서 발發하여 허리에서 주재하고, 팔・손・손가락으로 행하는 것이다. 권拳・장掌・구鉤 등의 손(手)과 손가락(指)으로 표현하는 손의 변화는 손목에서 결정되며, 장근掌根은 손목의 움직임이 된다. 손목은 영롱하고 활발하여 강유剛柔를 끌어 모으니, 잡고 치는 것의 주主가 된다.

손으로 치는 것은 적당한 거리에서 사용해야 한다. 너무 멀면 손이 닿기도 전에 힘이 끊기는 폐단이 생기고, 너무 가까우면 세勢가 막혀서 공격할 수 없게 된다. 거리가 가까울 때에는 주肘로써 이러한 결점을 보완할 수 있다. 주법肘法은 팔꿈치 부분이나 팔뚝의 돌림을 통하여 발출하는 힘이 맹렬하므로 손보다 짧으나 상대의 요해를 바로 공격할 수 있는 수법手法이다.

예를 들면 상대가 나를 잡아당길 때에는 그 세勢를 따라 들어가면서 팔꿈치로 되받아 치거나, 한 손은 상대가 당기는 손에 붙이고, 다른 손은 팔꿈치로써 상대의 팔이나 팔꿈치 등을 공격한다. 또 상대의 손이 벌어졌을 때에는 한 손은 상대의 손을 제압하고, 다른 손 팔꿈치로써 공격한다.

팔꿈치로써 공격할 때에는 반드시 무릎과 서로 합해야 하며, 주법肘法을 제대로 터득하지 못하고 사용하면 오히려 세勢를 잃게 되므로 주의해야 한다.

뒤에서 앞으로 나아가는 수법手法은 천穿・추推・충衝・붕崩 등 직선으로 앞을 향해 찌르거나 치는 동작을 가리킨다. 이런 종류의 수법手法은 명확하게 공격 목표를 향해 흔들림 없이 나아가야 하고, 공격하는 부위는 목표를 향해 직선으로 나아가며, 연결되어 움직이는 부위 역시 이를 따라 직선운동을 해야 한다.

예를 들면 충권衝拳으로 찌를 때 팔꿈치 관절이 공격 노선에서 벗어나 밖으로 벌어지면 안 된다. 바로 〈팔꿈치는 옆구리와 떨어지면 안 된다〉는 말과 통하는 원리이다. 팔꿈치 관절을 곧게 펴는 순간 어깨를 앞으로 내밀며 허리를 비틀어야 치는(擊) 폭과 역량이 증가된다.

위에서 아래로 움직이는 수법手法은 상지上肢가 위에서 아래로 움직이는 공방攻防의 동작을 가리킨다. 그 중 벽劈·감砍 등의 공격적인 수법手法은 일반적으로 팔을 앞으로 내밀고 어깨를 늘여 내려친다.

압壓·안按·개蓋 등의 방어적인 수법手法은 동작이 긴밀히 협조하고 몸(身)과 기氣를 가라앉히며 힘을 주는 부위(착력점)와 방법이 분명해야 한다. 예를 들면 안장按掌은 장심掌心이 착력점이므로 운용할 때에는 장심掌心이 아래를 향하게 하고, 압권壓拳은 권륜拳輪이 착력점이므로 권륜拳輪이 아래를 향해야 한다.

좌우 옆으로 움직이는 수법手法은 어깨 관절 부위의 좌우左右 움직임과 팔꿈치나 손목 관절의 굴신屈伸에 의해 이루어지는 수평水平이나 수평에 가까운 동작이다.

몸 앞에서 좌우를 향해 움직이며, 란攔·배排 등의 법法으로 상대의 공격을 막는 방어적인 수법手法과 밖에서 앞을 향해 안으로 치고, 앞에서 측면을 향해 쳐나아가는 공격적인 수법手法이 있다.

이런 종류의 수법手法은 허리를 돌리므로써 손과 팔이 옆으로 움직이게 이끌며, 옆으로 움직이는 활동 범위를 넓게 하고, 몸통 부위의 역량이 손과 팔에 전해지게 하여 횡격橫擊의 역량을 더욱 증가시켜야 한다. 허리를 비트는 폭의 크고 작음이 수법手法의 동작 폭과 정비례하는 것이다.

아래에서 위로 움직이는 수법手法은 장掌의 형태로 이루어진 탁托과 권拳의 형태로 이루어진 상충上衝, 구鉤와 조爪의 형태로 이루어진 료撩 등 위를 향해 발출하는 동작이다.

상충上衝은 권拳으로 아래에서 위로 올려치는 동작으로 발출發出할 때에는 머리를 바르게 세우고, 중심을 가라앉으며, 어깨와 팔꿈치는 온건히 안정되게 해야 한다.

료撩는 아래에서 위로 들어올리는 동작으로 손에 힘을 주고, 호구虎口·손바닥 등을 이용해 공격하는 수법手法이다.

탁托과 가架는 모두 팔꿈치를 가볍게 구부리고 들어올리면서 상대의 공격을 방어하는 수법手法이나 여기에는 차이점이 있다. 가架는 팔꿈치가 밖을 향하게 옆으로 누이고, 앞을 향해 머리 위로 들어올려서 상대가 내려치는 권拳·장掌을 팔뚝 부위로 방어하는 동작이다. 탁托은 팔꿈치를 몸 가까이 붙이고[팔꿈치는 아래를 향한다], 손바닥으로 상대의 찔러치는 권拳·장掌을 손바닥이 위를 향하게 받쳐 올리는 동작이다.

앞에서 뒤를 향하는 수법手法은 주로 괘掛(걸다)·대帶(이끌다)·채採(끌어당기다)·랄挒(잡아채다) 등의 법법을 사용하며, 일반적으로 팔을 구부리며 회수回手하고, 허리를 돌리면서 대퇴부를 뒤로 이동하는 동작이다.

그 중 괘법掛法은 방어적인 기법技法으로 팔꿈치를 굽히고, 위로 원을 그리며 귀(耳) 부분으로 당기는 상괘上掛와 몸 앞으로 팔꿈치를 펴면서 대퇴부 부분으로 회수하는 하괘下掛가 있다.

채採·대帶·랄挒의 법법法은 용법用法에는 차이가 없으나, 끌어당기는 높이에 차이점이 있다. 대수帶手는 목과 가슴 높이이고, 랄수挒手는 허리와 배 부분이며, 채수採手는 대퇴부와 무릎 높이로 끌어당긴다. 손으로 상대의 손목이나 팔꿈치를 잡아 상대가 들어오는 세勢에 따라 안에서 밖으로, 혹은 앞에서 뒤로 끌어당기는 법법法으로 움켜잡는 힘과 끌어당기는 힘이 하나가 되어야 한다.

그러나 상대를 끌어들이는 방향이 확실치 않으면 안 된다. 예를 들면 채법採法은 위에서 아래로 잡아당기는 법법法이다. 예藝가 높거나 신법身法·보법步法이 익숙한 사람은 채採하는 방향이 직선이지만, 기예技藝가 정통하지 못하면 좌우左右로 경사지게 해야 한다. 직선으로 채採하는 것은 상대가 빠져 나가기 쉽지만, 옆으로 경사지게 하는 것은 상대의 세勢를 이용할 수 있기 때문이다.

주의할 점은 허리와 다리는 온건히 안정시키고, 눈은 상대를 주시하며, 상대를 제압해도 방심해서는 안 된다.

원형圓形으로 움직이며 휘감는 수법手法은 어깨 관절·팔꿈치 관절·손목 관절을 축軸으로 팔을 둥글게 돌리는 동작이다.

이런 종류의 수법手法은 내선內旋(안으로 돌림)과 외선外旋(밖으로 돌림)이 있으며, 입원立圓과 횡원橫圓 두 개의 원권圓圈으로 나누어진다.

운용할 때에는 용도와 사용법이 분명해야 한다. 예를 들면 전수纏手와 루수摟手는 모두 손 부위를 위주로 하는 기법技法으로 상대의 상지上肢 관절을 잡는 효용效用이 있으나, 전수纏手는 손목 관절을 축軸으로 손바닥이 안에서 위로 밖을 향해 돌려감으며 손가락으로 움켜잡는 동시에 팔뚝을 밖으로 돌려 손바닥이 위를 향하게 한다. 그 용도는 상대의 팔 부위 관절을 움켜잡아 비틀어 꺾는 데 있다.

루수摟手는 장외연掌外沿(새끼손가락 부분)을 밖으로 돌리면서 손가락을 구부려 움켜잡고 끌어당긴다. 이때 비록 팔뚝을 돌리는 동작을 포함하고 있지만, 그 목적은 상대의 관절을 꺾는 데 있지 않고 끌어당기는 데 있다.

주의할 점은 휘감는 축심軸心이 상대적으로 안정되어야 한다. 축심軸心이 되는 관절은 어느 일정한 공간 위치에 고정되어 위로 들리거나, 아래로 숙이거나, 좌우로 흔들리면 안 된다.

【신법身法】

신법身法이란 권법拳法을 수련하는 관건으로 몸통(軀幹)의 움직임을 말한다. 인체의 사지四肢와 머리는 몸통과 서로 연결되어 있고, 몸통은 사지四肢와 머리의 움직임을 제약하게 된다.

운동방향에서 보면 몸통을 비틀면 양팔이 양쪽 측면을 횡격橫擊하는 데 편리하고, 운동의 폭에서 보면 몸통을 앞으로 내밀면 상지上肢를 앞으로 뻗는 거리가 길어지고, 몸통을 거두어 웅크리면 상지上肢가 뒤로 옮겨지는 거리가 더하여진다. 경력勁力의 사용면에서 보면 몸통을 웅크리고·벌리고·비틀고·회전하는 데 따라 축蓄과 발發이 서로 바뀌게 되는 것이다.

신법身法에는 수收·종縱·반反·측側 등의 법법이 있다.

수收는 렴斂으로 거두어 모으는 경勁이고, 종縱은 방방放으로 뻗어 나아가는 힘(力)이다. 몸을 웅크리거나 가슴을 모으는 등의 방법은 모두 수收의 운용이고, 뛰어나가거나 격타擊打 등의 방법은 모두 종縱의 운용인 것이다.

반反과 측側은 몸을 뒤집어 뒤를 돌아보고, 몸을 기울여 좌우左右를 보는 것을 말한다. 반측反側의 법법은 전신의 협조를 요구할 뿐만 아니라, 가볍고 영활하며 빠름에 중점을 두어야 한다.

예를 들면 여러 상대와 겨룰 때에는 결코 서두르지 않고 앞을 치고, 뒤를 돌아보고, 홀연히 몸을 뒤집어 뜻하지 않게 출수出手하고, 방비가 허술한 곳을 공격하는 것 등은 모두 신법身法과 관계되는 반측反側의 요결인 것이다.

뛰어난 공격력을 연마해내려면 반드시 빠름(快)의 공부功夫에 역점을 두어야 한다. 빠르다(快) 함은 곧 피부가 불길에 접촉했을 때의 화급함에 비교할 수 있고, 번개의 신속함에 비유할 수 있으니 우선 신법身法이 영활하고 빨라져야만 손과 발이 바람과 같이 빨라질 수 있게 된다.

또한 신법身法이 중정평직中正平直하려면 삼절법三節法을 이해해야 한다. 삼절三節에서 보면 몸통의 가운데는 허리이고, 허리를 몸통 움직임의 축심軸心이라고 하면 사지四肢는 바퀴에 비유할 수 있다.

허리는 사지四肢를 주재하고, 사지四肢는 허리의 주재 아래 허리를 따라 움직여야 하므로 허리를 제외한 몸통과 사지四肢는 축심軸心에 연결된 바퀴가 되어서 좌우左右로 비틀고 상하上下로 돌아 움직이게 된다.

위가 움직이면 아래가 따르고, 아래가 움직이면 위에서 이끌고, 중간이 움직이면 상하上下가 합치고, 상하上下가 움직이면서 공격하면 인체 각 부분이 긴밀히 배합하게 된다.

기氣는 허리에서 위로 올라가고, 또한 아래로 내려가니 허리는 상체와 하체를 움직이는 관건이 되므로 영활하면서 힘이 있어야 한다. 예를 들면 몸을 기울여 좌우左右를 보고 치는 것은 허리로써 지주를 삼으니 허리는 영활하고 힘이 있어야 한다.

허리의 경勁은 아래로 내려가야 하므로 허리는 견실함이 중요하다. 경勁이 내려가면 허리는 상하上下를 서로 연결하므로, 하체는 자연히 영활하면서도 안정되어 흔들림이 없게 된다. 그러나 허리의 경勁이 내려가지 않으면 기氣가 단전丹田으로 돌아갈 수 없게 되고, 기氣가 단전丹田으로 돌아오지 못하면 상체의 기氣가 떠서 발이 불안해지게 된다.

다시 말하면 신법身法의 근본은 요퇴腰腿이며, 요퇴腰腿는 격타擊打 동작의 주된 열쇠가 된다. 만약 요퇴腰腿가 없으면 일세一勢,

일식一式도 이루어질 수가 없으니, 요퇴腰腿는 반드시 일치해야 하며, 요腰를 움직이되 퇴腿를 움직이지 않거나 퇴腿를 움직이되 요腰를 움직이지 않는 동작은 절대로 안 된다. 또한 요퇴腰腿는 유연하고, 영활하며, 융통성이 있고, 확실한 힘이 있어야 한다.

몸의 좌선우전左旋右轉과 수종收縱을 익혀 숙달되면 신법身法이 영활해지고, 수족手足의 법法이 이어진다. 허리의 돌림을 통해 팔을 움직이고, 허리의 전환으로 힘이 있게 하며, 순간적으로 몸을 펼치면서 일격을 가하면 허리·척추의 힘이 팔 끝까지 통하게 된다.

신법身法에서의 주의점을 요약하면 다음과 같다.

① 가슴은 자연스럽고 편안해야 한다(含胸). 가슴을 밖으로 펴서는 안 되며 약간 오므리지만(함축) 고의로 수축하는 것은 아니다. 또한 등은 위로 뽑듯이 펴야 한다(拔背). 가슴을 펴고 등을 구부리면 행동이 굳어지게 되어 변화의 세勢를 얻을 수 없게 된다.

② 척추는 곧게(中正) 유지해야 한다. 좌우로 기울거나 앞뒤로 구부러지면 자세가 정확할 수 없고 사지四肢가 부정不正해지며 동작과 방향도 부정확하게 된다.

③ 허리는 영활하여(活腰) 동작의 진행시 전신을 움직이는(轉身) 축軸이 되어야 한다. 그렇지 않으면 공격시에 힘이 없게 된다. 사람의 힘은 허리에서 나오니 허리를 사용하는 사람은 그 힘이 왕성해진다. 허리를 사용하지 못하면 공격하는 부위의 힘으로만 공격하게 되니 목적을 이룰 수 없게 된다.

④ 기氣는 단전丹田으로 내려야 한다(氣沈丹田). 기氣를 단전으로 내리지 않으면 대적시에 화火가 위로 상승하여 숨이 가빠지고 목이 마르며 눈이 혼란해지니 발 역시 안정되지 못하게 된다.

신법身法은 변화진퇴變化進退를 표현하는 것으로 수법手法과 보법步法의 부족함을 보충해 주는 것이다. 예藝를 익히는 사람은 신법身法을 소홀히 해서는 안 된다.

높은 것을 높다고 여기는 것은 바로 낮은 것과 대조되기 때문이다. 바로 이런 모순과 뚜렷한 대립만이 비로소 신법身法의 영활함과 많은 변화, 독특한 풍격을 구체적으로 나타낼 수 있게 한다.

【보법步法】

　　보법步法은 몸의 움직임에 가장 기초가 되는 법法으로 걸음을 옮기는 일정한 규칙과 방법을 말한다.

　　보형步型은 양다리가 일정한 규칙에 따라 형성된 모양을 말하며, 보법步法과는 다르다. 보형步型이 정靜적인 틀이라면 보법步法은 동動적인 상태인 것이다. 즉 보형步型은 양다리와 양발이 공간 위치에서 정지된 모양을 말하고, 보법步法은 걸음을 옮기는 일정한 규칙과 방향에 따라 변환하는 방법을 말한다.

　　보법步法의 종류는 보편적인 것과 각 무예武藝의 특성처럼 독특한 것 등 다양하고 많으나 크게 걷는 것(走步)과 뛰는 것(跳步) 둘로 나누어지고, 위치로 볼 때에는 그 자리에서 움직이는 법, 한 발 움직이는 법, 연속해서 발을 옮기는 법의 세 가지로 나누어진다.

　　보법步法은 인체를 이동시키고, 출수出手와 타권打拳의 바탕이 된다. 그러므로 보형步型과 보법步法은 동작의 규격에 적합해야 하며, 이동은 가볍고 영활하며, 착지는 안정되어야 한다. 보법步法의 온건함은 균형의 근본이고, 보법步法의 빠름은 날쌔고 용맹스러움이며, 보법步法의 영활함은 민첩성의 기초가 된다. 그러므로 보법步法은 경輕·온穩·쾌快·변變해야 하는 것이다.

　　모든 변화는 발(足)로부터 움직이는 것이니, 하체의 양발로 토대를 정定해야 한다. 즉 발이 안정되면 몸의 흔들림이 없게 된다. 전후좌우前後左右로 알맞게 힘을 주어 자연스럽게 안정되도록 서서, 좌우左右 발을 착실하게 땅에 붙이어 마치 산이 땅 위에 있는 것처럼 흔들림이 없어야 한다.

　　보법步法을 수련할 때에는 족심[용천혈涌泉穴]은 공空해야 하며,

발바닥 앞과 뒤는 힘을 주어 땅에 붙이고, 발가락은 땅을 잡듯이 단단해야 한다. 무릎과 발목은 탄성이 풍부하고, 중심은 평온平穩하면서 신속하게 이동하고 영활하게 움직이는 느낌이 있어야 한다.

공방攻防과 대련시에 보폭을 적당히 축소하면 진퇴進退에 유리할 뿐만 아니라, 영활하고 적합하게 된다. 보법步法이 정체되고 강경하여 융통성이 없으면 절대로 안 된다. 더욱이 멀고 가까움에 주의해야 하며, 낮게 나아가고 높게 물러나야 하므로 신법身法과 관계되는 기起·락落·진進·퇴退의 요결을 이해해야 한다.

기락起落의 기起는 횡횡橫이 되며 락落은 순순順이 된다. 떨어졌다가 일어나면서 앞을 향해 걸음이 나아가거나 몸을 날려 뛰는 과정은 몸을 비틀어 일으키면서 정면으로 전방을 마주하게 되므로 기起는 횡횡橫이 된다. 반대로 떨어질 때에는 두 발을 전후로 하여 측신側身으로 상대를 대하므로 락落은 순순順이 된다. 일어날 때 횡횡橫으로 비트는 것은 위를 향해 뚫는 힘(鑽力)을 발發하는 데 이롭고, 떨어질 때의 순신順身은 벽타劈打시의 순경順勁에 이롭다. 기起는 높이 바라보며 몸을 단속하면서 일어나는데 그 일어남이 포炮와 같아야 하고, 락落은 낮게 내려보며 몸을 펼치면서 떨어지는데 그 떨어짐이 바람과 같아야 한다. 또한 기起는 위로 향한 힘이 무거운 것을 들어올리는 것과 같아야 하고, 락落은 떨어지는 힘이 발로 밟거나 손으로 내리칠 때 돌(石)을 가르는 듯한 역량을 지녀야 한다. 즉 일어날 때에는 맹호가 덮치듯 위맹한 힘(力)이 있어야 하고, 떨어질 때에는 독수리가 잡아채듯 사나운 경勁이 있어야 한다.

진퇴進退는 기격술技擊術 중에서 진퇴進退·공수攻守·추피趨避의 방법方法을 말한다.

보법步法이 안정되지 않으면 권拳이 어지럽고, 보법步法이 빠르지 않으면 권拳이 느리게 된다. 공격하거나 공격을 피하는 것은 모두 다리의 이동과 지탱에 의지하고 있다. 그러므로 다리는 안정되고 빠르게 이동하는 것이 관건이 된다.

만일 보법步法이 안정되지 않으면 상체 동작을 견고하게 지탱해 주지 못하여, 동작이 뜨고 힘이 부실하며 하지下肢가 흔들리고 수법手法이 어지럽게 된다. 다리의 이동이 늦다면 상지上肢의 빠른 공격을 제한하므로 권법拳法 동작이 빠르게 나갈 수 없다.

옛글에 말하기를 『나아가 칠 때에는 번개와 같이 빨라야 하며, 세勢를 잃고 물러나 피할 때에는 불이 타는 것과 같이 급촉해야 한다』라고 하였다. 늦고 빠름이 승패를 가름하니 진퇴進退의 요점은 질풍과 같은 빠름에 있는 것이다.

추趨는 진進을 가리키고 피避는 퇴退나 번개같이 피함을 가리킨다. 나아갈 때에는 상대의 예기를 피해 앞이나 측면으로 빈틈을 타고 진격해야 한다. 세勢를 잃었을 경우, 즉 상대를 치지 못하여 도리어 상대가 그 기회를 이용할 경우에는 즉시 물러나 피해야 한다.

나아가 핍박함은 세勢를 얻는 법이며, 쫓고 피함은 기회를 찾는 도道이다. 병법에서 말하는 『성동격서聲東擊西』[한쪽에서 주의를 끌고 다른쪽을 친다]의 뜻은 이 도道와 서로 밀접하게 통하는 말이다.

어떤 기술을 막론하고 항상 쫓고 피하지 않을 수 없으니 피함이 있기 때문에 쫓음이 있는 것은 자명한 이치이다. 쫓고 피함의 요점은 빠름(快)이고, 쫓음은 피함으로부터 취한다. 좌左로 쫓으면 우右로 피하고, 상대의 움직임에 따라서 방법方法으로 삼으며, 상대의 기회를 살펴 용법用法으로 삼으면서 술術을 살피되 결코 술術에 얽매이지 않아야 한다. 이것이 바로 공격과 방어, 진퇴추피進退趨避의 요결인 것이다.

보법步法이 신법身法과 함께 작용하여 전진·후퇴·좌우로 움직일 수 있으면, 신체의 신축伸縮과 비트는 폭을 더 크게 움직일 수 있게 된다.

또한 퇴법腿法의 수련도 보법步法을 강하게 하는 수단이 된다. 퇴법腿法은 신속함을 귀하게 여기고 둔하고 느림을 멀리하므로 퇴법腿法을 사용할 때에는 이 요결을 알아야 하며, 경솔한 사용은 안 되는 것이다.

몸의 움직임에 있어 실제로 그것을 움직이는 것은 보步에 있으니 보步는 몸의 기초이면서 운동의 중추가 된다. 활발함과 활발치 않음 이 보步에 달려 있고, 영민함과 그렇지 않음 역시 보步에 달려 있다.

보법步法의 정묘함은 오로지 평소에 꾸준히 노력한 수련에서 얻 는 것이다. 공부功夫가 뛰어나고 익숙해야만이 응용할 때 비로소 마음에 따라 자유자재로 운용할 수 있게 되는 것이다.

심법心法·안법眼法·수법手法·신법身法·보법步法을 오법五法 이라 말한다. 옛글에 『마음(心)이 밝지(明) 못하면 신神이 어둡고, 눈(眼)이 맑지(淸) 못하면 의意가 어지러우며, 손(手)이 빠르지 (快) 못하면 돕고 호위함이 둔하게 된다. 또한 몸(身)을 낮추지 (下) 못하면 기락起落을 할 수 없고, 걸음(步)이 고르지(準) 못하 면 진퇴進退의 세勢를 잃게 된다. 무가武家에서는 이를 모두 병폐 로 여겨 싫어하는 것들이다』라고 하였다. 그 요점은 밝은 마음·맑 은 눈·빠른 손·영활한 몸·활발한 걸음에 있는 것이다. 오법五法 은 빠르면서도 서로 긴밀하게 응해야 하며 동시에 운용할 수 있어 야 한다.

【오행五行】

　오행五行은 금金·목木·수水·화火·토土를 가리킨다. 고대에는 일종의 학설로 인식되었으며, 자연계와 인체가 모두 오행五行의 생극화生克化 학설로 해석할 수 있었다. 무술계도 오행학설을 응용하여 오관五官·오장五臟·오체五體의 공격과 방어의 변화를 생극生克의 방법으로 해석하였다.

　오행五行은 밖으로는 오체五體·오관과 응하고, 안으로는 사람의 오장과 응한다. 예를 들면 심心은 화火에 속하며 심心이 움직이면 용력이 생기고, 간肝은 목木에 속하며 간肝이 움직이면 화염이 치솟는다. 폐肺는 금金에 속하며 폐肺가 움직이면 깊은 우뢰가 울리고, 신腎은 수水에 속하여 신腎이 움직이면 그 빠름이 바람과 같다. 비脾는 토土에 속하며 비脾가 움직이면 큰 힘으로 공격한다. 이것이 오행의 안(內)에 속하는 것이다.

　또한 근筋은 목木에 속하고, 맥脈은 화火에 속하며, 육肉은 토土에 속하고, 피모皮毛는 금金에 속하며, 골骨은 수水에 속하는 것으로 사람의 오체五體에 대한 것이다.

　사람의 오관五官에서는 눈(目)은 목木에 속하고, 혀(舌)는 화火에 속하며, 입(口)은 토土에 속하고, 코(鼻)는 금金에 속하며, 귀(耳)는 수水에 속한다.

　오장五臟은 〈내오행內五行〉이라 하고, 오체와 오관은 〈외오행外五行〉이라 한다. 내오행內五行이 합하면 외오행外五行이 순조로워지므로 하나의 움직임에도 내외內外의 오행五行이 서로 따르고 합해야 한다. 내오행內五行은 오기五氣가 합하여 일기一氣가 되어야 하고, 외오행外五行은 삼절三節의 기본원리에 따라 움직여야 한다.

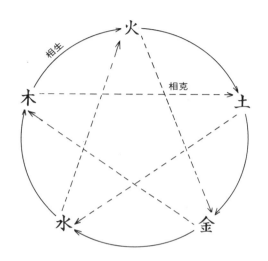

◉ 오행상생五行相生

오행상생五行相生은 금생수金生水[금金은 수水를 낳는다]·수생목水生木[수水는 목木을 낳는다]·목생화木生火[목木은 화火를 낳는다]·화생토火生土[화火는 토土를 낳는다]·토생금土生金[토土는 금金을 낳는다]을 가리킨다.

금金은 폐肺을 대표하니 금생수金生水는 폐肺의 기氣가 강장하면 신수腎水가 충분히 굳세질 수 있도록 도와줄 수 있으므로, 동작이 자연히 질풍과 같이 빠르게 될 수 있어, 기氣로써 힘을 생기게 하는 이치를 가리킨다.

수水는 신腎을 대표하니 수생목水生木은 신수腎水가 충분히 간肝을 기를 수 있음을 가리킨다. 간肝이 강하면 눈빛이 예리해져 신기神氣가 있게 되며, 간肝은 또한 피를 기르는(養血) 장기이므로 간肝이 강하면 근육과 손톱이 날카로워지게 되어, 간肝이 움직이면 화염이 충천한다고 말한다. 귀로는 잘 듣고, 눈은 밝게 보아야 비로소 마음이 하고자 하는 것에 손발을 휘둘러 종횡으로 왕래할 수 있게 된다. 이로 인해 무예계에서는 정精을 길러 기氣로 바꾸고, 기氣를 길러 신神으로 바꾼다는 〈양정화기養精化氣·양기화신養氣化神〉이라는 설명이 있다. 간肝은 눈(目)에 통하고, 눈은 먼저 행行하게 되므로 눈의 강·약은 간肝에 의해 정해진다. 오행학설 중에 신腎은 간肝의 모母가 된다.

목木은 화火를 낳고(木生火), 심心은 화火에 속하므로 간肝이 움직이면 화염이 치솟는다라고 말한다. 눈이 주시한 뒤에 마음이 움직이고, 마음이 움직인 뒤에 기혈氣血이 도달하여 손발이 나아가 치게 된다. 그러므로 마음이 움직이면 용력이 생긴다라고 말한다. 이로 인해 간肝이 강하면 눈이 밝게 되고, 눈이 밝게 되면 용력勇力이 생기게 된다.

화火는 토土를 낳는다(火生土). 비脾는 오행五行에서 토土에 속하며, 오행의 주主가 되고, 만물은 토土에서 생긴다. 비위脾胃는 인체대사의 기초로서 마음이 움직임과 동시에 몸의 활동에 필요한 수요에 적응한다. 마음은 바로 신경계통을 지시하고, 마음의 움직임은 비위脾胃의 작업효과를 강화할 수 있으므로 화火는 토土를 낳을 수 있다고 말한다.

토土는 금金을 낳는다(土生金). 금金은 폐肺를 가리키며, 토土는 오행五行의 모母가 된다. 비위脾胃는 영양을 흡수하며 영양이 충족되어야만 비로소 대사가 강화될 수 있고, 근육이 강경해져 힘이 있게 된다. 그러므로 일신의 소망은 토土에 속한다고 말한다. 비위脾胃의 기능이 양호하면 근육의 수축에 힘이 있고, 폐활량이 증대되어 기체대사에 필요한 산소량을 알맞게 공급할 수 있다. 사람의 역

량力量은 기氣에 의하기 때문에 기氣가 굳세면 힘이 커지게 되는
것은 자연의 이치이다. 기혈氣血의 운행은 인체의 생명활동이며 피
부와 근육작용의 필요조건이 된다. 무예를 수련한다는 것은, 바로
기혈氣血을 움직여 마음이 하고자 하는 바에 이르게 하는 것으로
마음이 기혈氣血에 이르면 바로 목적에 도달하게 된다. 비위脾胃가
강하면 몸이 건강해지고, 몸이 건강해지면 기氣가 저절로 굳세어지
므로 토생금土生金이라고 말하는 것이다.

◉ 오행상합五行相合

오행상합五行相合은 합하면 도움이 있게 되는 도리를 말하는 것
이다. 옛글에 『귀와 마음이 합하면 정精에 보탬이 많아지고, 눈과
마음이 합하면 명明에 보탬이 많아지고, 입과 마음이 합하면 용勇
에 보탬이 많아진다. 코와 마음이 합해지면 힘(力)에 보탬이 많아
지고, 손과 마음이 합해지면 더욱 질풍같이 빨라진다』라고 하였다.

예를 들어 설명하면, 귀는 그 근본이 듣는 데에 있는 것이다. 마
음을 써서 듣고자 하면, 들리는 소리를 세밀하게 살펴서 증가시키
므로 소리를 잘 듣는 데 도움이 되는 것이다.

오행상합五行相合은 바로 마음의 작용을 강조하며, 마음은 의식
意識을 가리키는 것이다. 오행五行이 서로 합하면 일기一氣가 되
고, 마음이 한 번 움직이면 내경內勁이 생기므로 마음이 오행五行
과 합하면 오행五行의 절묘함이 더하여진다.

◉ 오행상극五行相克

무예武藝에서 오행상극五行相克은 두 가지 품은 뜻이 있다. 그
하나는 공격과 방어 가운데 오행상극五行相克의 이론을 운용한다는
것이다. 예를 들면 횡橫으로 오는 것은 수경竪勁이 없고, 수竪로 오

는 것은 횡경橫勁이 없다. 그러므로 횡횡橫橫으로 오는 것은 수竪로써 이를 파破할 수 있고, 수竪로 오는 것은 횡횡橫橫으로 이를 파破할 수 있는 것이다. 오행상극五行相克은 권법拳法에서 다음과 같이 표현된다.

① 벽타劈打의 법법法法은 금金에 속한다. 금金은 날카롭기가 도끼와 같아 목木을 이길 수 있고, 또한 목木을 끊을 수 있다. 판수板手는 목木에 속하며, 판타板打나 충격衝擊의 힘은 앞을 향하고, 벽타劈打는 위에서 아래로 내리치므로 수竪로써 횡횡橫橫을 파破한다. 또한 붕타崩打의 권拳은 곧바로 튀어나오는 힘으로 수경竪勁이 없으므로 벽정劈定의 방법으로 이를 파破할 수 있다.

② 위로 치솟는 것은 화火에 속한다. 화火는 금金을 이길 수 있다. 포권炮拳의 여러 세勢는 화염처럼 위로 치솟아오르는 힘으로 벽타劈打의 권장拳掌을 파破할 수 있다.

혹은 위로 당기거나 아래로 화화化化하게 하여 상대의 힘을 느슨히 하고, 아직 새로운 힘이 생기지 않았을 때를 틈타 포권炮拳으로 격타擊打한다. 이것이 바로 공격과 방어의 요결要訣이며, 아래의 여러 방법도 모두 같은 도리이다.

③ 찬타鑽打, 요수撓手, 난수攔手는 수水에 속한다. 수水는 화火를 이길 수 있다. 힘으로 누르며, 밀어서 튕기는 방법은 가로질러 흐르는 물을 상징한 것으로 찔러쳐 오는 권拳을 파破할 수 있다. 한 손으로는 튕기면서 한 손으로 찬타鑽打하면 바로 방어 속에 공격이 있고, 물러남 속에 나아감이 있는 법법法法이다. 이런 방법이 횡횡橫橫으로 수竪를 제압하는 것이다. 그러므로 수水는 화火를 이긴다고 한다.

④ 횡격권법橫擊拳法은 토土에 속한다. 토土는 수水를 이길 수 있다. 예를 들면 상대가 튕겨서 막은 뒤에 찬타鑽打를 사용하면, 나는 횡횡橫橫으로 비스듬히 당기는 힘을 써서 이를 파破한다. 찬타鑽打

는 순격順擊의 힘이기 때문에 횡경橫勁이 없으며, 횡횡橫은 순순順을 제압할 수 있다. 이것이 토土가 수水를 이길 수 있는 도리인 것이다.

⑤ 판수板手나 붕타崩打의 법法은 완만하게 굽은 듯하면서도 곧게 뻗은 것으로 목木에 속한다. 목木은 토土를 이길 수 있다. 상하上下 붕타崩打의 법法은 횡횡橫으로 오는 힘을 파破할 수 있다. 상대가 잡아 누를 때 위나 아래를 향하여 상대의 강한 힘을 비스듬히 풀어 버린다. 횡횡橫으로 오는 것은 수경竪勁이 없으므로 수竪로써 횡橫을 파破하는 것은 자연의 이치이다.

이를 요약하여 말하면, 파해破解 방법의 요점은 우선 횡횡橫과 수竪의 힘을 분명히 나눈 다음, 횡횡橫은 수竪를 파破하고, 수竪는 횡횡橫을 파破한다는 도리를 밝히는 것이다. 횡횡橫으로 오는 권장拳掌은 수경竪勁으로서 파해破解하며, 수竪로 오는 격타擊打는 횡경橫勁으로서 파해破解한다. 곧바로 오는 충격衝擊은 횡경橫勁으로 화해化解시키고, 횡횡橫으로 오는 격타擊打는 직경直勁으로 격파시킨다. 천변만화千變萬化가 모두 이 파해破解 원칙을 사용하며, 이것이 오행상극五行相克의 중요한 의의意義이다.

오행상극五行相克의 두번째 품은 뜻은 상대의 오관五官을 봉폐封閉시키면서, 상대의 오장五臟을 공격하여 상대의 오행五行을 제압한다는 것이다. 다시 말하면 자기의 오행五行은 닫고(閉), 상대의 오행五行을 제압함을 가리킨다.

먼저 밖으로 자기의 오행五行을 닫으면(閉), 오관五官과 오장五臟을 잘 보호하여 상대에게 빈틈을 주지 않게 되며, 오행생극五行生克의 도리로 곳곳마다 상대를 제압하여, 상대를 피동적인 위치에 놓이게 하는 것이다. 오행五行을 극제克制하는 방법을 운용할 때에 주의해야 할 점은, 반드시 자기의 오행五行을 합하는 방법과 함께 운용해야 한다.

상대의 오행五行을 이긴다는 것은 바로 상대의 오관五官을 봉폐封閉함을 가리키며, 자기의 오행五行을 닫는다(閉)는 것은 팔꿈치는 늑골을 벗어나지 않고, 손은 심장을 벗어나지 않음을 가리킨다. 이러한 위치에서 팔꿈치와 손이 상대의 공격을 방어하면 가슴과 늑골을 보호하게 되어 오장五臟을 보호하는 유리한 위치를 차지하게 된다.

이와 같이 서로 극제克制하면 생극生克의 변화가 무궁하게 되고, 생극生克의 대립면이 상호 바뀌어 서로의 인과因果가 되듯이 승부의 도道도 그 가운데 있게 된다. 이 이면의 중요한 요결은 곳곳마다 주동적으로 쟁취하여 모순을 나에게는 유리하고, 상대에게는 불리하도록 바꾸어 상대를 피동적인 위치에 놓이게 하는 것이다.

무예계의 옛선배가 말하기를 『수법手法이 천변만화千變萬化해도 항상 두 개의 원권圓圈을 벗어나지 않는다. 하나는 입원立圓이고, 하나는 횡원橫圓이다. 입원立圓은 양손이 앞을 향해 수레바퀴와 같이 굴러가면서 치는 것이고, 횡원橫圓은 돌리는 맷돌과 같이 양손을 옆으로 돌리면서 치는 것이다』라고 하였다. 입원立圓은 수豎가 되며 수豎 속에도 횡橫이 있고, 횡원橫圓은 횡橫이 되며 횡橫 속에도 수豎가 있다. 수豎로써 횡橫을 파破하고, 횡橫으로 수豎를 파破함은 자연의 이치이다.

오행상극五行相克의 이론은 권拳의 공격과 방어작용에 대한 설명으로 서로 변환하고 연결되어 상호 제약하는 것이다. 예를 들어 상대가 벽경劈勁으로써 공격해오는 것은 금金에 속하고, 위로 일으키는 것은 화火에 속하니, 화火는 금金을 이길 수 있다. 그러므로 횡격橫格의 힘으로 위로 비스듬히 비벼치는 방법을 사용하여 상대의 벽경劈勁을 파破하여 그 힘을 없애고, 새로운 힘이 생기기 전에 격타擊打하면 상대는 변화하기 어렵게 되는 것이다.

　　오행생극五行生克을 요약하여 말하면 금金은 목木을 이기고 수水를 낳으며, 수水는 화火를 이기고 목木을 낳으며, 목木은 토土를 이기고 화火를 낳으며, 화火는 금金을 이기고 토土를 낳으며, 토土는 수水를 이기고 금金을 낳는다.

【第一章】

勁論

【경론經論】

　여기에서 말하는 경勁은 내경內勁으로 하나는 영경靈勁을 가리키고, 다른 하나는 내기內氣를 힘(力)으로 발發하는 것을 가리킨다. 내경內勁은 무예武藝의 수련을 통해서 얻는 것으로 뜻에 따라 방향을 전환하고, 힘을 크고 작게 변화시키며 안으로 감추어져 밖으로 드러나지 않는 힘이다.

　권술拳術을 처음 연습하면 대다수가 힘을 사용하는 방법이 서툴고 둔하여 뻣뻣한 힘, 마구잡이식 힘, 딱딱한 힘 등 융통성 없는 힘을 사용하게 된다. 뻣뻣한 힘(僵力)이란 동작이 변화하기 시작할 때에 주로 움직이는 근육과 대항하는 근육이 동시에 함께 수축하면서 생겨나는 힘(力)으로, 이 힘(力)은 사용하는 관절과 근육을 뻣뻣하게 굳게 하므로 동작이 부정확해진다.

　마구잡이식 힘(蠻力)이란 사용하는 동작이 힘(力)을 사용하는 법칙에 따르지 않고, 단순히 사용하는 부분의 힘(力)만으로 표현하는 거친 힘(力)으로 동작이 순조롭게 전달되지 않아 연결되지 않고 계속 끊어진다.

　딱딱한 힘(呆力)이란 상대의 경로勁路를 따라 변화하지 못하고, 통상 상대가 곧게 오면 곧게 맞받고, 횡횡橫橫으로 오면 횡횡橫橫으로 대항하므로 이 모두가 영활하지 못하다.

　이로 인해 정확한 자세에 영향을 주고 공격과 방어에 효과적으로 맞서는 힘에 지장을 주게 되므로, 당연히 수련을 통해 하나씩 점차 극복하여 자세는 정확하고 동작은 규격에 엄격하게 하여 경력勁力이 순조롭게 전달되도록 해야 한다.

　권술拳術을 일정한 정도까지 연습하면 격타擊打시에 신속하여 바람을 띠게 된다. 다시 정순하게 구하여 나아가면 마음과 뜻이 합하고 뜻과 기氣가 합해지며 기氣와 역력이 합하여 자유자재로 운용할 수 있게 되면, 힘(力)을 낼 때 신속하게 모든 역량을 일권一拳과 일각一脚에 집중할 수 있고, 초인적인 힘을 발출할 수 있으니 이것이 곧 영경靈勁이 된다.

영경靈勁은 내경內勁을 구체적으로 나타낸 것이고, 내경內勁은 무형無形의 속에 깃들어 있고 유형有形의 겉에 접하고 있으니 이치로 이를 살펴야 한다.

내경內勁은 지체肢體의 움직임을 통해 표현되는 무예武藝의 기술적인 힘으로, 이 힘은 의식意識이 지배하는 기식氣息의 토납吐納과 근육의 서축舒縮(풀림과 수축)하는 질서와 배합에서 생겨난다.

의식意識이 지배한다는 것은 신경계통이 호흡呼吸과 근육을 지배하는 것을 말한다. 질서와 배합은, 기식氣息의 토납吐納과 근육의 서축舒縮이 무예武藝 기술동작의 일정한 순서와 규격에 따라 동시에 움직이기 시작하고, 함께 움직여서 동시에 일정한 부위에 도달함을 말한다. 지체肢體 동작은 경勁에 의지해서 움직이는 힘이며, 기술技術 규격으로 경력勁力의 방향·크기(大小)·길이(長短)를 제약한다. 이를 숙달되게 익히면 능히 의意가 도달하면 기氣가 도달하게 되고, 의意와 기氣가 도달하는 곳에 근육은 의식意識의 지배에 따라 서축舒縮하게 되어 사용하는 지체肢體의 움직임이 생겨나게 된다.

의意·기氣·경勁·형형形이 하나가 되면 전신의 내력內力을 하나의 정경整勁으로 모을 수 있고, 또한 신체의 일부분을 통해 방출할 수도 있다. 이러한 경勁을 몸에다 이용할 수 있으면 권법拳法의 오묘함은 더욱 분명해지게 되는 것이다.

비록 예藝를 크게 이루었을 때에는 의意에만 중점을 두고 경勁에

는 중점을 두지 않는다고 하여도 처음 배우는 사람은 반드시 경勁
에서부터 시작해야 한다. 이른바 높이 오르려면 반드시 낮은 곳에
서부터 시작하고, 멀리 가려면 가까운 곳에서부터 가야 하는 이치
와 같다.

【경勁과 역力의 차이점】

　경勁은 무예武藝 운동 중 인체 움직임을 일으키는 것으로 인체의
내력內力과 같은 종류이다.

　경勁은 통상적인 역力과는 다르다. 권격拳擊을 처음 배울 때에는
경勁과 역力을 구별하기 힘드나, 권격拳擊을 이미 배운 사람이라면
확실히 구별할 수 있다. 역力은 직력直力·횡력橫力·허력虛力·
실력實力으로 나뉜다. 직력直力은 드러나지만 횡력橫力은 감춰지
고, 허력虛力은 강剛하지만 실력實力은 유柔한 것이다. 역力이 직
直하면서 허虛하면 이는 진력眞力이고, 역力이 횡橫하면서 실實하
면 이것을 바로 경勁이라 한다.

　다시 말하면, 역力은 대뇌大腦의 지휘 아래에서 근육의 수축력을
가리키고, 경勁은 의식意識이 지배하는 기식氣息의 토납吐納과 근
육의 서축舒縮이 일정한 규격에 따라서 진행하는 질서와 배합에서
생겨나는 힘(力)을 말한다. 역力은 타고난 본능으로 전달하는 것이
비교적 더디면서 변화하여, 움직이는 것이 둔하여 비교적 뜻대로
잘 안 된다. 그러나 경勁은 의식意識이 지배하는 것으로 신속하게
전달하고, 변화하여 움직이는 것이 영활하여 비교적 뜻에 잘 따른다.

　역力이 몸 밖으로 작용할 때에는 제한된 부분의 힘만 사용하므로
작용하는 범위는 넓으나 상대를 제압하는 힘은 작고, 경勁이 몸 밖
으로 작용할 때에는 전신의 힘을 모아 한 곳에서 발發하므로 작용
범위는 작으나 상대를 제압하는 힘은 큰 것이다.

【경勁의 분류】

경勁의 종류는 다양하고, 여러 경勁들은 경력勁力을 운용하는 방법과 기술로 그 해당하는 권拳의 특징이 된다.

움직이는 형태에서 보면 축경蓄勁과 발경發勁으로 나누고, 경력勁力의 강도에서 보면 강경剛勁과 유경柔勁으로 나누며, 밖으로 표현하는 방법에 따라 명경明勁·암경暗勁·화경化勁으로 나눈다. 또한 운동방향에 따라 직直·횡橫·수竪·사斜·원圓으로 나누어진다.

내용에는 차이가 없는 같은 종류의 경勁이라도 그 나누는 방법에 따라 다르게 표현된다. 예를 들면, 강경剛勁은 양경陽勁과 같은 종류의 경勁으로 그 내용에는 구별이 없다. 이런 종류의 경勁은 본래 힘을 중요시하며 그 모양은 곧고, 성질은 매우 맹렬하다.

유경柔勁과 음경陰勁 역시 같은 종류의 경勁으로 그 내용에는 구별이 없다. 이런 종류의 경勁은 운기運氣를 중요시하고, 그 모양은 나선형으로 나타나며, 머무르지 않고 계속 움직이면서 몸 밖의 변화에 따라 그 방향과 크기가 변한다. 주로 수비하는 경勁으로, 수비로써 공격하고 작은 힘으로 큰 힘을 제압하니 수시로 발發할 수 있으며, 방어할 때 기회에 따라 강경剛勁으로 전환하여 공격할 수 있다.

경勁이 강경剛硬하면 강경剛勁이고, 부드러우면 유경柔勁이며, 경勁이 밖으로 드러나면 양경陽勁이라 하고, 안으로 감춰지면 음경陰勁이라 한다. 다시 말하면 양경陽勁이 명경明勁이고, 음경陰勁이 암경暗勁인 것이다.

움직이는 형태에서 볼 때, 발경發勁은 경력勁力을 방출하여 내보내는 것을 말하고, 축경蓄勁은 경력勁力을 모아서 쌓는 것을 말한다. 즉 축경蓄勁은 거두어 감추는 것이지 발發하는 것이 아니다. 축경蓄勁은 수련할 때에는 흩어진 의식意識을 모아서 집중하고, 사초四梢로 퍼져 있는 의기意氣를 단전으로 거두는 동시에 흡기吸氣를 배합하고, 각 부위의 근육을 느슨히 하며 신체의 외형外形을 적당히 구부려 한번 움직이면 바로 발發할 수 있는 자세가 되어야 한다.

중요한 것은 축蓄과 발發뿐만 아니라, 다른 모든 경勁들도 사용할 때에는 인체 모든 부위의 경력勁力을 하나로 모아야 한다. 다시 말하면, 공격할 때에는 경력勁力을 하나로 모아 목표를 공격하므로 격타擊打의 힘을 더욱 강하게 하고, 방어할 때에는 막는 부위에 경력勁力을 하나로 모으므로 저항력을 증가시킨다.

이렇듯 경력勁力을 하나로 모으는 것을 정경整勁이라 한다. 정경整勁을 운용할 때에는 전신 각 부분을 모두 집중하여 오직 의식의 지배 아래에서 기법技法의 요구에 따라야 한다.

먼저 기氣를 모아 근根에서 초梢로 보내어 마디마디마다 영활하게 통하고 차례로 전달되게 하면, 경勁은 근根에서 일어나 점차 하나로 모이게 되어 힘이 초梢의 끝부분을 통하여 밖으로 방출되는 것이다.

예를 들면 좌궁보左弓步 우충권右衝拳을 할 때에는, 먼저 전신의 역량을 아래로 모아 발을 통하여 지면으로 작용시키면 지면에서는 이 힘과 동등한 반작용의 힘이 생기게 된다. 이 반탄력을 오른쪽 다리는 곧게 펴고 허리를 왼쪽으로 돌리면서 오른쪽 어깨로 보내면, 오른쪽 팔꿈치를 펴면서 오른손을 곧게 뻗어 차례로 권면拳面에 전달되게 하는 것이다. 동시에 오른발에서 반탄력이 움직이기 시작할 때에, 숨을 짧게 내쉬어 충권衝拳 동작과 호기呼氣 동작이 동시에 이루어지게 해야 한다.

우충권右衝拳의 역량은 실제로는 오른팔의 역량에다 지면의 반작용력이 더하여지고, 지면을 밟고 있는 다리와 둔부의 돌림, 그리고 허리의 비틈 등이 증가된 힘에 짧은 호기呼氣로 이루어진 쾌속력이 더하여진 것이다.

경력勁力의 수련은 정靜적인 수련과 동動적인 수련이 결합해야만이 방어할 때에는 상대의 강한 공격에도 두려움이 없게 되고, 공격할 때에는 견고함을 파괴하고 날카롭게 치는 능력을 갖게 된다.
경勁을 이용할 줄 모르면 기氣의 움직임과 용법用法을 모르게 되고, 또한 권법拳法의 참된 뜻도 모르게 되니 반드시 이를 살펴 그 오묘함을 분명히 해야 한다.

【점경粘勁】

점경粘勁은 초보자가 반드시 연습해야 하는 경勁으로 그렇지 않으면 다른 여러 가지 경勁을 연마하기 어렵다.

점경粘勁은 권법拳法에서 주로 전진을 하는 데 가장 필요한 기본 내경內勁으로 손을 앞으로 내밀어 상대와 접촉하는 것에서부터 나오며, 버리거나 버티는 경勁이 아니다. 다시 말하면, 점경粘勁은 자기의 신체 감각을 통하여 바로 달라붙어 따르면서 의지하는 것으로, 강剛 같기도 하고 유柔 같기도 하나 강유剛柔가 함께 있어 서로 돕는 것이다.

점경粘勁을 운용할 때에는 마음을 차분히 하고, 정신을 모아 상대의 움직임을 따라 움직이면서 움직임이 느리면 그 느림을 따르고, 움직임이 급하면 그 급함에 대응하면서 떨어지지 않게 따라다녀야 한다.

점경粘勁을 처음 수련할 때에는 양손이 느끼는 바를 몰라 마치 나무토막 같으나, 점차 손에서부터 어깨·가슴·등에 이르기까지 전신의 피부가 생기를 띠기 시작한다.

점경粘勁을 상당한 정도에 이르도록 연습하면, 피부에 기氣가 어려 있게 되어 일단 상대를 만나게 되면 놓치지 않으니 양손뿐만 아니라 온몸 역시 이러하다. 예藝가 높을수록 기氣는 두터워지고 면적도 넓어지나, 이 기氣는 눈으로는 볼 수 없고 오직 스스로만 느낄 수 있거나, 서로 같은 무예武藝를 수련한 사람만이 느낄 수 있는 것이다.

그러므로 예藝가 높은 사람은 한 번만 손을 얽어보면[접촉] 상대의 무예武藝 정도를 알 수 있으니, 그 도리道理는 바로 서로의 점경

粘勁 원권圓圈 면적이 크고 작음에 있다.

상대와 접촉했을 때에는, 상대 경력勁力의 동향을 감지하는 능력이 있어야 한다. 이러한 감지능력을 청청이라 하며, 청청은 점경粘勁으로부터 나온다. 여기에서 말하는 청청은 상대와 접촉했을 때 전신의 피부로써 느끼는 감각이지 일반적인 귀로 듣는 청청이 아니다. 청청은 신체단련면에서는 주의력과 피부촉감의 감응능력을 높여 주고, 기격技擊면에서는 피부가 상대와 접촉했을 때 상대가 진공進攻하려는 것을 미리 감지하여 신속하게 공격과 방어의 방법을 취하여 상대를 제압할 수 있게 한다.

그러므로 청청을 연습하기 전에는 반드시 점경粘勁을 먼저 알아야 한다. 만약 점경粘勁을 알지 못하면 청청을 알 수 없고, 청청을 알지 못하는 사람은 상대와 겨룰 때 경경勁을 이해할 수 없게 된다. 다시 설명하면, 상대가 말을 했을 때 조용히 귀로 듣지 않으면 상대의 뜻을 이해할 수 없으니, 이해를 하려면 듣지 않으면 안 되는 것과 같은 이치이다.

듣지 않으면 이해할 수 없고, 이해하지 못하면 나아갈 수 없으며, 나아갈 수 없으면 화化할 수 없고, 화化하지 못하면 발發할 수 없게 된다. 들을 수 있으면 이해할 수 있으니, 먼저 자기 몸에 있는 쓸모없는 경직된 역력과 속된 기氣를 떨쳐 버리고 요퇴腰腿를 느슨히 하며, 조용한 마음으로 생각하고 기氣와 신神을 모아서 청청에 도달하도록 해야 한다.

그러나 청청은 어떤 때에는 확실치 않아서 전부를 이해할 수는 없다. 그러므로 경경勁을 이해할 줄 알아야 하는데, 경경勁을 이해한다는 것은 아주 난해한 것이어서 경경勁을 이해하기 전에는 실수를 범하기 쉽고, 경경勁을 이해한 후에도 실수를 범하기 쉽다. 이는 알 것 같기도 하고 모르는 것 같기도 한 그 사이에 놓여 있기 때문이다.

즉 눈으로 보고 피부로 느끼는 청청聽이 확실하지 않아 끊고 맺음에 일정한 표준이 없고, 아직 경勁을 이해하는 진정한 경계에 이르지 못했기 때문이다.

경勁을 이해한다는 뜻은 명백하고, 밝게 이해한다는 뜻이다. 즉 자기 동작의 방향·크기(大小)·길이(長短) 등의 경력勁力 규격은 반드시 명백해야 하고, 상대가 사용하는 경력勁力은 오는 길과 가는 방향, 그리고 크기(大小) 등을 밝혀서 이해해야 한다는 뜻이다.

명백하다는 것은 자기의 경勁을 아는 것이고, 밝혀서 이해한다는 것은 상대의 경勁을 안다는 것이다. 다시 말하면, 자기의 경勁을 알게 되면 동작은 규격에 합당하고 그 움직임은 정확하게 된다. 상대의 경勁을 알게 되면 상대 경력勁力의 세勢와 시간에 따라서 정확하게 반응할 수 있게 된다.

상대가 들어오면서 공격을 하면 그 들어옴을 따라서 떨어지지 않고 끌어들이면서 물러서고, 상대가 물러나면 그 물러남을 따라 떨어지지 않고 따라 들어가야 한다. 만약 마음이 원하는 대로 할 수 있고, 행동이 자연스러우면 진정 경勁을 이해했다고 할 수 있다. 진정으로 경勁을 이해한 후에는 굴屈·신伸·동動·정靜의 오묘함을 터득할 수 있고, 개開·합습의 효과를 얻게 된다.

개開는 해탈解脫·해거解去·해화解化의 방법을 말하며, 모난(方) 것이고 벌린다는 의미이다. 다시 말하면, 신체의 안쪽에서 밖을 향하여 벌리는 것이다. 예를 들면 상대가 양손으로 나의 양쪽 귀를 향해 공격해왔을 때, 나의 양손을 상대의 양팔 사이에 끼워 좌우로 분개分開시키는 힘이다.

개開가 적당하면 상대의 몸에 곧바로 접근할 수 있으나, 지나치면 자신의 경勁이 끊어지기 쉬워 효과가 없고, 부족하면 상대에게 기회를 주게 되니 주의해야 한다. 또한 거리가 너무 멀면 운용할 수 없으니 신법身法과 보법步法에 유의해야 하고, 요퇴腰腿와 의기意氣를 배합해야 한다.

합습은 개開와 반대의 뜻으로 둥글면서(圓) 잘 짜여졌다는 의미이다. 다시 말하면, 사지四肢가 밖에서 안을 향하여 당겨 조이는 힘으로 방어의 막는 동작 중에 많이 있고, 공격에서는 개開와 서로 연결하여 한 번 개開하여 득세를 한 후에 합습으로 상대를 바로 억누른다는 뜻이다.

합습에는 모은다는 뜻도 포함되어 있으니 전신의 기氣를 모아 흩어지지 않게 해야 한다. 발경發勁중의 합습은 원만해야 하며, 반드시 자세와 호흡呼吸이 배합되어야 하고 기氣와 세勢가 동시에 긴밀하게 합해져야 한다.

무릇 접취接取의 묘법은 모두 개합開合의 운용을 벗어나지 못한다. 방어 속에 공격이 있고, 공격 속에 방어가 있으니 이것이 진퇴허실進退虛實의 묘용인 것. 경경勁을 이해한 후에는, 연습하면 할수록 더욱 정통해지는 것은 바로 이러한 도리인 것이다.

자기의 경경勁과 상대의 경경勁을 분명히 구별해서 이해할 수 있으면 스스로 권법拳法의 오묘함을 터득하게 되니, 이것이 바로 기격技擊의 요강要綱인 것이다.

【화경化勁】

화경化勁은 원만하게 원圓을 그리면서 상대의 경력勁力을 다른 곳으로 흐르게 하여 상대의 공격을 풀어 버리는 경勁이다.

화경化勁은 점경粘勁과 주경走勁으로 이루어진다. 점경粘勁이 주로 전진을 하는 데 비해 주경走勁은 주로 후퇴를 하는 경勁으로 맞받아 버티지 않고, 곡선 모양으로 물러나면서 당기는 부드러운 힘이다.

주경走勁은 경勁을 이해하는 데서부터 오는 경勁으로 경勁을 이해하지 못하면 주走할 수 없게 된다. 예를 들면 사람이 세勢를 하는 데 혹은 높고 낮으며, 혹은 직直하고 횡橫하며, 혹은 좌左로 우右로, 혹은 길고 짧게 하므로 일정한 표준이 없으니 그 세勢를 이해하지 못하면 주走할 수 없게 되는 것이다.

주走는 상대의 중력을 피해 가고, 상대와 맞서 저항하지 않는다는 뜻이다. 그러므로 상대와 겨룰 때에는 상대에게 중력의 의도가 있다고 느껴지면 바로 허虛로 변해야 한다. 예를 들면, 만약 한쪽으로 치우친 힘인 편중偏重을 만나면 그 힘을 한쪽으로 느슨히 해주고, 쌍중雙重을 만나게 되면 한쪽을 가라앉혀서 그 힘을 빼고, 상대 힘의 방향을 따라가며 조금도 저항하지 않으며, 상대로 하여금 곳곳마다 낙공落空하게 하여 조금의 힘도 들지 않게 한다.

다시 말하면, 상대의 변화하는 경력勁力의 방향에 주의하여 따르고, 상대가 들어오면 절대로 저항하지 말고 물러나야 한다. 또한 상대와 떨어지지 않게 붙어서 절대로 힘을 사용하지 말고, 상대의 경력勁力을 허공으로 흐르게 해야 한다는 뜻이다. 초학자가 큰 힘을 만나지 않으면, 주走하지 않는 것은 저항의 뜻이 있으므로 경勁을 이해한 참된 주走가 아니다.

화경化勁은 외적으로는 유연하고, 내적으로는 붕붕掤의 힘을 포함해야 한다. 붕掤은 상대와 겨룰 때 매우 중요한 것으로 붕掤이 없으면 화化할 수 없게 되고, 상대와 접촉했을 때 눌림을 당하게 되어 저항할 방법이 없게 된다.

붕掤은 안에서 밖을 향하여 발發하는 탄성력을 말하며, 마치 온몸에 기氣가 충만하여 사방을 지탱하는 것 같아야 한다. 붕掤은 오는 힘의 충격을 완화시켜서 받쳐드는 작용을 하면서 달라붙고, 그 가는 것을 뿌리치면서 붕권崩拳으로 발發하는 작용도 한다.

붕掤은 손과 팔만을 사용하는 것이 아니라, 반드시 요퇴腰腿와 의기意氣를 사용하여 상대로 하여금 공격하기 어렵게 하니 붕掤은 곧 수비의 방법이다. 상대를 붕掤하는 부분은 상대의 활절活節 혹은 맞서서 어긋나 꺾어진 부분에 하는 것이 가장 좋은데, 이것은 상대가 빠져나가기 어렵게 하기 때문이다. 붕掤이 적당한 시기에 이르면 반드시 발發하여 쳐야 한다. 그렇지 않으면 아무 의미가 없는 것이다.

주의해야 할 점은, 붕掤을 할 때에는 반드시 기氣와 신神을 모으고 눈은 상대를 주시해야 한다.

화경化勁은 붕掤과 마찬가지로 손 혹은 팔이나 어깨만으로 화化하는 것이 아니고, 모두 요퇴腰腿를 사용해야 한다. 손 혹은 팔이나 어깨만을 사용하면 딱딱해지니 이것은 화경化勁이라 할 수 없다.

화化의 요점은 떨어뜨리지 않고 걸리어 닿지 않으며 느낌을 따라 변하고, 전진후퇴하면서 좌左를 돌아보고 우右를 바라보며 서로 도와 떨어지지 않는 것이다. 이러한 경지에 이르게 되면, 상대가 아무리 강한 힘을 갖고 있어도 그 힘을 운용할 방법이 없으니 화경化勁은 실제적으로 가장 중요한 것이다.

곧게 오는 것을 좌左나 우右로, 혹은 위나 아래로 구부러지게 화化할 수 있으면 상대의 경로勁路 방향을 변경시키니, 이것은 기회에 따라 변하면서 응하는 것이다. 단 왕복할 때에는 곡선으로 움직이면서 당기는 힘이 있어야 하며, 진퇴進退에는 전환轉換이 있어야 한다. 상대에게 자기의 경로勁路를 알리지 않고 곧바로 상대의 세배勢背에 이르러 그치면 이를 참된 화化라 한다.

화化의 사용법에는 두 가지가 있다. 그 하나는 상대의 경로勁路 방향을 변경시켜서 그 힘이 내 몸 옆으로 흘러가게 하는 것이다. 예를 들면 상대가 나의 정면을 직선으로 공격해오면, 나는 그 방향을 왼쪽이나 오른쪽을 향하여 기울어지게 하여 몸 뒤쪽으로 흘러가게 변화시키는 것이다.

다른 하나는, 상대의 세勢에 붙어다니면서 그 세勢를 당겨서 낙공落空시키는 것이다. 다시 말하면, 들어오는 세勢에 순응하여 그 경력勁力의 방향에 따라 버리지도 버티지도 않으면서, 그 세勢를 당겨서 허공으로 흐르게 하는 것이다.

화경化勁을 사용할 때에는 반드시 허리를 축으로 삼고, 왼쪽이나 오른쪽으로 허리를 돌리면서 화化하는 폭을 크게 해야만 상대를 끌어들여서 허공으로 흐르게 하는 것에 이르게 된다.

〔참고〕 여기서의 배背는 세勢의 뒷면, 즉 융통성이 없거나 둔한 자세나 동작의 헛점을 말한다.

화化한 후에야 비로소 나拿할 수 있고 발發할 수 있으나, 화化가 빠르면 자기의 점경粘勁이 쉽게 끊어지고, 늦으면 전진할 수 없다.

상대의 발경發勁을 화化하는 시기는 반드시 상대의 경勁이 모두 나오지 않았을 때, 또는 상대의 경勁이 모두 이르지 않았을 때, 세

勢를 따라 화化해야 한다. 즉 너무 빠르면 경勁이 이르지 않게 되어 화化함이 없게 되고, 너무 늦으면 이미 경勁이 도착하여 화化가 무익하게 된다.

권법拳法에는 화化가 있고 발發이 있다. 화化가 세勢를 얻으면 발發도 역시 자연스럽게 행하게 되나, 화化가 세勢를 얻지 못하면 발發을 말할 수 없으니 배우는 사람들은 이를 알고 운용해야 할 것이다.

예藝가 높은 화化는, 상체는 뒤로 가면서 물러서는 것 같으나 발은 동시에 이미 전진해 있으니 오묘하기 그지없다. 초학자의 대부분은 이와 반대로 물러서면서 화化하는데, 사실 이것은 도피하는 것이지 참된 화化가 아니다. 또한 화권化圈의 크고 작음은 예藝가 높을수록 권圈이 작아지고, 반대의 경우는 권圈이 커진다.

예藝가 깊은 사람은 겉으로는 유연하지만 속은 견고하고 강함을 품고 있어 밖으로 드러내지 않는다. 이 공부功夫의 현묘함은 가벼운 힘으로 큰 힘을 제압함에 있는 것이다.

【나경拿勁】

나경拿勁은 장지掌指로 움켜잡는 힘으로 잡아채는 동작에 사용한다. 상대의 팔꿈치·손목 등의 관절을 제압하거나, 팔·팔꿈치·손목 등의 부위를 움켜잡는 것으로 나拿를 하지 못하면 발發할 수 없고, 나拿를 할 수 있으면 발發할 수 있다. 발發이 적중하지 못하는 것은 나拿가 확실치 않기 때문이니, 사실 나拿는 발發의 선봉이라 할 수 있다.

그러나 나拿에 앞서 먼저 인引을 알아야 한다. 인引은 상대가 움직이지 않으면 그 움직임을 끌어내거나, 혹은 상대가 이미 움직였으면 자기의 노선으로 끌어들이는 것이다. 즉 상대의 경로勁路에 붙어서 따라다니며 상대의 경력勁力이 깊이 침투하도록 끌어내는 힘으로 상대의 세勢를 길어지게 하여 그 중심을 당겨 지탱하지 못하게 하는 것이다.

예를 들면 상대가 위로 공격해오면 그 세勢를 따라 위로 들어 당겨서 상대의 팔꿈치를 위로 뜨게 하고, 아래로 공격해오면 그 세勢를 따라 아래로 당겨서 그 뿌리를 흔들리게 하며, 정면으로 공격해오면 그 세勢를 따라가며 길게 당겨서 중심이 앞으로 기울어지게 해야 한다.

인引은 화化와 나拿 사이에 있는 것으로 비교적 변화하기 어려우며, 만약 상대의 세勢를 자기 자신이 하고자 하는 바대로 하지 못하면 반드시 인引으로써 그를 끌어들여야 하는 것이다. 두 사물이 가는 방향이 서로 달라 합칠 방법이 없을 때에는, 반드시 다른 하나를 끌어들여야 비로소 서로 합칠 수 있다. 끌어들이는 방법은 반드시 상대의 경勁이 미처 다하지 않았을 때 끌어들여야 하는 것이다.

바꾸어 말하면, 인引은 바로 상대의 배세背勢 중의 초점을 끌어내는 것이다. 이때 상대의 예藝가 낮으면 끌어내는 것이 용이하나, 상대의 예藝가 높으면 가인假引의 방법을 써야 한다.

예를 들면 일부러 권拳을 한 번 휘둘러 상대를 끌어들인 다음, 상대로 하여금 단전丹田의 기氣를 상승하게 하여 중심이 안정되지 않아 당황할 때, 그 불비不備함을 끌어내어 나拿하고 발發하는 것이다.

그러므로 발發하기에 앞서 나拿가 있어야 하고, 나拿하기에 앞서 인引이 있어야 하며, 인引하기에 앞서 화化가 있어야 하는 일정한 도리道理가 있다.

이러한 인引의 방법은 동시에 신법身法·보법步法 등을 응용해야 하며, 대체로 인引이 길수록 발發은 더욱 세勢가 있게 된다. 즉 〈나아가면 더욱 길고 물러서면 더욱 짧다〉라는 뜻이다.

또한 인引은 점경粘勁과는 떨어질 수 없으니 이는 주의해야 할 것이다. 나경拿勁은 인引과 화化에 비해 비교적 배우기 힘든 것으로, 상대로 하여금 둔하게 하여 자기의 뜻대로 되었을 때 그 초점을 발發하는 것이다.

단 나拿할 때는 반드시 동작이 영활해야만 한다. 무거우면 상대에게 쉽게 발각되어 상대가 변화하여 벗어나니, 바로 나拿의 오묘함은 남이 깨닫지 못하는 사이에 있다. 만약 나拿한 후라면 상대는 벗어날 수 없게 된다.

나拿는 반드시 상대의 활절活節을 나拿해야 하니, 예를 들면 손목·팔꿈치·어깨 등이며 그렇지 않으면 상대는 변하여 벗어나기 쉽다.

양손으로 상대를 나拿하는 것은 저울로써 물건을 재는 것과 같으니, 반드시 고저경중高低輕重을 서로 같게 하여 평형을 잃지 않도록 해야 한다.

　　나拿할 때는 어깨와 팔을 내려뜨리고 허리를 바로 하며, 기氣와 신神을 모으는 외에 자기의 중심에 더욱 주의하여 안정되게 해야 한다. 상대와 멀리 떨어져 있을 때에는 자기가 먼저 앞으로 나아가지 않으면 중심이 불안정할 위험이 있게 된다.

　　나拿를 할 때 손으로만 잡는 것은 둔하여 상대가 변화하기 쉽다. 그러므로 나拿의 요점은 모두 요퇴腰腿에 있는 것이다. 또한 힘으로만 나拿하는 것은 융통성이 없으므로 상대가 벗어나기 쉽다.

　　나拿의 주된 쓰임은 의기意氣에 있고, 보법步法·신법身法·방향方向 역시 중요하다. 예藝가 깊은 사람은 상대를 나拿할 때 한 번만 손을 들어올려도 어느곳에 있든 찾아낼 뿐만 아니라, 상대로 하여금 몸을 가눌 수 없게 하여 하고자 하는 대로 할 수 있다.

　　나拿는 유형有形·무형無形의 두 가지로 나누어진다. 유형有形은 나拿의 원권圓圈이 작을수록 그 예藝는 깊어지고, 원권圓圈이 커질수록 그 예藝는 얕아진다. 무형無形은 두 사람의 피부가 접촉하여 서로 끌어당길 때, 예藝가 얕은 사람의 원권圓圈이 깊은 사람에 의해 묻혀 버린다.

　　이 오묘함은 저명한 스승으로부터 가르침을 받는다 하더라도 본인의 계속적인 수련이 있어야 얻을 수 있다.

【발경發勁】

발경發勁은 경력勁力을 밖으로 방출하여 내보내는 것으로 각종 공격적인 경력勁力의 방출과정은 모두 발경發勁의 구체적인 표현이다.

권법拳法에서 화化만 알고 발發을 모른다면, 이는 수비만 알고 공격을 모르는 것과 같다. 상대를 치려면 발경發勁을 하지 않으면 안 되고, 또한 자신을 방어하려면 발경發勁을 알지 않으면 안 된다. 다시 말하면, 설사 남에게 승리하지는 않더라도 패하지는 말아야 하니 한 번 화化하면 반드시 한 번 발發해야 하는 것이다.

이렇듯 상대로 하여금 모든 힘을 발發에 이르지 않게 하면서 화化를 고려해야 한다. 그러므로 『출수견홍出手見紅』이란 말이 있으니 그 뜻은 한 번 손을 내밀면 상대는 공격과 수비를 못하도록 하고, 자기는 수비하면서 아울러 공격하여 시간과 정신의 낭비를 하지 않는다는 뜻으로 이치에 이르는 명언이다. 그렇지 않으면 수비에도 주의해야 하고 또 공격에도 주의해야 하니, 오히려 자기의 정신이 산만해져서 상대에게 기회를 제공해 주는 것이 된다.

발경發勁을 처음 배우는 사람은 먼저 삼절三節을 알아야 한다. 삼절三節은 즉 경로勁路가 되니 발경發勁의 뿌리는 발에 있고, 다리에서 일어나 허리에서 주재하고 수지手指로써 행하는 것이다. 예를 들어 주먹을 찔러칠 때에는 발은 지면을 밟고, 둔부는 낮추며 허리를 비틀면서 경력勁力을 어깨로 보내면, 손목을 곧게 뻗어 주먹을 통해 밖으로 발發하게 된다.

발경發勁은 방법에 따라 두 가지로 나눈다. 그 하나는 의식적으로 축경蓄勁을 한 후에 발發하는 것으로, 이런 종류의 발경發勁은 먼저 의기意氣를 거두어 하나로 모은 후에, 다시 신속하게 원하는 부위로 옮겨 공격목표를 향해 내보내는 동시에 호기呼氣를 배합하고 공격하는 부위의 근육을 수축하면서 신체를 알맞게 펼쳐야 한다.

다른 하나는, 어떠한 형태에서도 일촉즉발一觸卽發의 뜻을 갖는다는 것으로, 일반적으로 움직이는 과정중에 빠른 호기呼氣와 근육의 수축을 통하여 발경發勁한다. 정지된 자세에서도 돌연히 근육을 수축하고 호기呼氣로써 발경發勁하므로, 이런 종류의 발경發勁은 의식적인 축경蓄勁의 준비를 거치지 않고 발發할 뿐만 아니라 앞의 것보다 징후가 없고 더 빠르다. 단지 경력勁力의 힘적인 면에서는 앞의 종류보다 뒤진다.

인체의 바깥 부분은 대부분 모두 발경發勁할 수 있는 부위가 된다. 운용하는 부위는 공격과 방어를 막론하고 다른 부위보다 돌출하게 된다. 예를 들면 식지食指로써 발경發勁을 할 때에는, 식지食指는 곧게 펴나 다른 손가락들은 구부리게 된다. 또 팔꿈치로 상대를 찌르려면 구부려 팔꿈치 끝이 돌출하게 해야 한다.

발경發勁의 요점은 크게 세 가지가 정해져 있으니, 곧 기세機勢·방향方向·시간時間이다.

기세機勢는 자기의 세勢는 순順하게 하고 상대의 세勢는 융통성이 없게 하여, 상대의 중심을 한쪽으로 치우치게 함으로써 그 초점을 드러나게 하는 것이다. 바꾸어 말하면, 상대의 중심을 일단 흐트러지게 하면 몸의 일부분에 융통성이 없어지는 동시에 그 기氣는 상승하게 되어 초점이 드러나게 되는 것이다.

방향方向은 위아래, 혹은 좌左로 우右로, 혹은 곧바르게 혹은 모서리를 향하더라도 반드시 상대의 세배勢背를 향해 발發해야 한다.

시간時間은 바로 상대의 지나간 경勁이 이미 끝나고 아직 새로운 경勁이 생기지 않았을 때이거나, 후퇴할 때가 적절하다. 너무 일러

도 안 되고 너무 늦어도 안 되니, 늦으면 상대가 알고 변화하게 되고 이르면 상대의 세勢가 끝나기 전이므로 저항해오는 폐단이 생기기 쉽게 된다.

위의 세 가지 요점 중에서 하나라도 빠지면 안 된다. 만약 기세機勢만 알고 방향方向을 알지 못하면 낙공落空을 범하거나 상대와 부딪치기 쉬우며, 기세機勢와 방향方向을 알고 시간時間을 알지 못하면 저항을 받거나 발發의 부족 등 폐단이 생기기 쉽다.

그러므로 자기의 세勢는 순順하여 동작이 순조롭게 배합되고, 사용하는 경력勁力은 마디마디마다 연결되게 전달하여 사용 부위에 도달해야 한다. 발경發勁하는 동작은 빠르면서도 발發하는 시기時機와 공격목표가 정확해야 한다.

이 세 가지 요점이 완전하면 상대를 발發하기가 매우 용이하나, 반대로 이 세 가지 요점이 완전하지 못하면 아무리 발發의 세勢가 맹렬하다 해도 아무 소용이 없게 된다.

예藝가 높은 사람의 경우 자기의 초점은 매우 작고 다른 사람의 초점은 매우 크게 느낄 뿐만 아니라, 상대의 몸 어떠한 부분이라도 초점을 끌어내어 발發할 수 있다. 동시에 자신의 몸 어떤 부분으로도 발發할 수 있을 뿐만 아니라, 한순간에 인引하면서 발發한다.

발경發勁할 때에는 반드시 몸 전체를 하나로 하고 부지불식不知不識중에 나아가도록 해야 한다. 발發하는 본인이 스스로 경勁이 없다고 느낄수록 상대는 더욱 무겁게 느낀다. 이와 반대로 본인 스스로 나아가는 힘이 매우 맹렬하다고 느낄수록 상대는 그 생각만큼의 중량을 받지 않는다.

그 원인은 발發하는 본인이 경勁이 있다고 자각自覺하므로 경勁이 사실 전부 뿜어나오지 않기 때문이다. 그러나 본인. 스스로 경勁이 없다고 자각自覺하면 경勁은 이미 완전히 뿜어진 것이다.

그러므로 발경發勁은 필히 활을 놓는 것처럼 굽어진 중에서 곧은 것을 찾고, 완전히 뿜어내야 하며 손이나 어깨에 조금도 남겨놓지 말아야 한다.

발發할 때의 신법身法은 마땅히 몸을 바로 하고 허리는 편안히 하며, 둔부와 대퇴부는 느슨히 해야 한다. 단 허리를 편안히 할 때 뒤로 기울어지면 경勁이 뒤에서 수축하므로 앞으로 발發할 수 없게 된다.

상대에게 발發하는 경勁은 물건을 던지는 것과 같아 던질 때 던지고 싶지 않다는 의혹이 조금이라도 있어서는 절대 안 된다. 만약 이런 생각이 있게 되면 의기意氣가 끊어지기 쉽고 의기意氣가 끊어지면 상대를 발發할 수 없게 된다.

그러므로 상대를 발發할 때에는 반드시 기氣와 신神을 모으고 눈은 상대를 주시하여 절대로 다른 곳을 보지 말아야 하며, 신神의 소재所在를 알고 의기意氣는 경勁을 따라야 하니, 비록 경勁이 내뿜어졌더라도 의기意氣는 끊임이 없어야 한다.

즉 경勁은 끊어지더라도 의意는 끊어지지 않아야 하며, 의意는 끊어지더라도 신神은 끊어지지 않아야 한다.

예藝가 높은 사람이 화化하면서 발發하면 그 안에 하나의 작은 원권圓圈을 포함하고 있어, 그 원권圓圈은 공功이 깊을수록 작아져서 반원을 그리며 화化하고, 반원을 그리며 발發하게 되는 것이다.

이로 인해 그 형형形이 보이지 않으니 이는 바로 진進이 곧 퇴退요, 퇴退가 곧 진進이며, 거둠(收)이 곧 내놓음(放)이요, 내놓음(放)이 곧 거둠(收)이 되는 것이다.

【차경借勁】

차경借勁은 발경發勁 중에서도 오묘한 것으로 예藝가 높지 않은 사람은 운용하기 어려운 경勁이다.

차경借勁은 발發할 때 인引이 없고 나拿가 없으며 그 사이에는 다만 약간의 화경化勁이 있을 뿐이며, 이르는 곳에 따라 망설이지 않고 발發하니, 그 속도는 마치 바람이나 번개와 같고 상대의 초점이나 배세背勢를 찾을 필요가 없이 상대로 하여금 깨닫지 못하는 사이에 드러나게 하는 것이다.

더욱이 상대가 와도 가고 상대가 오지 않더라도 가니, 오는 세勢가 클수록 반격당하는 경勁은 더욱 맹렬하다. 능히 차경借勁을 할 수 있으면 힘이 작더라도 누를 수 있는 힘은 크고 약자도 강자를 공격할 수 있다.

또한 상대의 어떠한 부분도 빌릴 수 있고, 자기의 어떠한 부분도 모두 발發할 수 있다.

단 상대를 발發할 때에는 반드시 요퇴腰腿를 일치시키고, 몸을 바로 하여 의기意氣로써 발發해야 한다. 특히 좋은 시간을 포착해야 하니 너무 이르거나 늦으면 안 된다. 이르면 상대의 경勁이 아직 나오지 않아 어디에서부터 차借해야 할지 모르고, 또 늦으면 이미 자기 몸은 격중당하게 된다.

가장 적당한 시간은 상대의 경勁이 나오려 하는데 전부 나오지 않았거나, 혹은 이르려고 하는데 완전히 이르지 않았을 때 발경發勁하면 능히 효과를 얻을 수 있다. 마치 사람이 막 입을 열고 말하려 하는데 입을 막으면 숨이 막히고, 소리가 막혀서 말할 수 없게 되는 것과 같은 이치이다.

이로써 알 수 있듯이 차경借勁의 수련은 쉬운 일이 아니다. 만약 자유자재로 운용한다면 이는 상승에 이른 것이다.

【第二章】

内功

內 功

●

　무예武藝에서 기氣에 대한 공부功夫를 총칭하여 〈내공內功〉이라
하며, 현대에 와서는 이를 〈기공氣功〉이라고도 한다.

　기공氣功의 〈기氣〉는 호흡呼吸을 뜻하고, 〈공功〉은 호흡呼吸과
자세를 끊임없이 조정하는 연습을 뜻한다. 옛글에 『내공內功은 양
기養氣와 연기練氣로 나뉜다. 양기養氣는 도가공부道家功夫이며 연
기練氣는 무예단련이다』라고 하였다.

　내공內功의 공법功法과 이론은 그 발전하는 과정에서 도가道家·
불가佛家와도 상호 밀접한 관계를 가져오면서 많은 문헌자료들을
남기고 있다.

　이러한 자료들을 바탕으로 〈내공內功〉에 대한 주요 이론을 정리
한다.

內 功

【내공內功】

무예武藝에서 말하는 내공內功은, 무예武藝의 기법氣法을 기초로 하여 안을 단련하고 근본을 길러주어 무예武藝의 기초를 쌓는 공부功夫로써 내외內外를 함께 단련하는 방법을 말한다.

고대古代에는 양기養氣·연기練氣·용기用氣를 기본형식으로, 하여 몸과 마음을 단련하는 방법의 기법氣法을 도인導引·행기行氣·복기服氣·폐기閉氣·태식胎息·신식神息·연기練氣·연단練丹 등의 이름으로 말하였다. 이러한 각종 기법氣法을 총칭하여 내공內功 또는 기공氣功이라 말한다.

기氣는 자연계의 기氣와 인체 내적인 기氣를 포괄하여 말하며, 무예武藝에서 말하는 기법氣法은 의식意識으로 호흡呼吸하는 기氣와 내기內氣를 운행하는 방법을 말한다.

기법氣法의 단련을 통하여 병을 예방하고 질병을 없애는 기법을 의료기공醫療氣功이라 말하고, 건강하고 장수하게 하는 기법氣法을 보건기공保健氣功이라 말한다.

무예武藝에는 투로套路·격투格鬪·공법功法의 세 종류 수련형식이 있으며, 내공內功은 공법功法에 속한다.

무예武藝의 공법功法은 투로套路와 격투格鬪기술을 향상시키고 숙달시키며, 인체의 잠재능력을 개발하고 신체의 기능을 높여주는 수련방법이다. 다시 말하면, 양신養身·호신護身·기격技擊능력 등을 증강시키는 작용을 한다.

공법功法에는 지체肢體의 관절關節 활동폭과 근육의 서축舒縮능력을 향상시키는 〈유공柔功〉, 지체肢體의 공격력과 대항능력을 증강시키는 〈경공硬功〉, 인체의 평형平衡능력과 도약능력을 발전시키는 〈경공輕功〉등 그 종류가 다양하고 내용도 광범위하다.

공법功法 중에서 내공內功의 단련은 내장외용內壯外勇을 얻을
수 있고, 내외內外가 하나로 합하여 인체의 잠재능력을 개발하는
효과를 얻게 된다.

무예武藝 고유의 기법氣法과 내공內功은 의료보건기공醫療保健
氣功처럼 〈기氣〉의 효과를 추구하는 점은 같으나, 그 사이에는 소
홀히 해서는 안 되는 구별이 있다.

무예武藝에서 말하는 기법氣法은 양기養氣와 연기練氣를 기초로
하여 권가拳家에서 오랜 세월 체험한 호흡呼吸과 공방攻防 동작을
배합하고, 호흡呼吸과 경력勁力의 축발蓄發을 배합하는 과정에서
결합되어 나온 기氣로써 세勢를 돕고, 기氣로써 역力을 돕는 호흡
呼吸방법을 말한다.

다시 말하면, 무예기법武藝氣法은 공방攻防기술의 발생에 따라
생겨났으며, 기氣를 이용하여 공방攻防능력을 유효하게 발휘하는
용기用氣를 강조하지만, 의료보건기공醫療保健氣功은 특정적 단련
형식으로 용기用氣를 중요시하지 않는다.

무예武藝에서 말하는 내공內功은 무예武藝 기능에 필요한 상대
의 견고함을 공격하는 힘과 반격하는 힘을 단련하여 향상시키는 것
을 전제로 하고, 무예武藝 고유의 기법氣法을 기초로 하여 단련형
식을 규격화하고, 연공練功의 체험과 공功의 이치가 서로 융합하여
형성된 것이다.

예를 들면 내공內功 중에서 동공動功은 기氣를 북돋우는 자세를
소중히 여기고 기격技擊의 뜻을 포함하고 있으며, 기력氣力의 증강
에 단련목적이 있고, 의意·기氣·경勁·형形이 하나가 되게 추구
하는 특점이 있어 다른 종류의 기공氣功과 구별되는 무예기공武藝
氣功의 특징을 상징하고 있다.

각 권종拳種의 내공內功은 대부분 양기養氣와 연기練氣를 기본 형식으로 하여 기기氣로써 세세勢를 돕고, 기기氣로써 역력力을 도우며, 기 기氣로써 기격技擊을 하도록 추구하므로 기법氣法·양기養氣·연기 練氣의 융합은 내공內功이 심오深奧해지는 관건이 된다.

기법氣法은 기기氣로써 세세勢를 돕고, 기기氣로써 역력力을 돕는 것이 필요하며, 기격技擊의 작용을 하기 위해서는 반드시 기기氣를 사용해 야 하고, 기기氣는 의의意를 따라 행해야 하는 것이다.

양기養氣는 그 방법이 다양하나 오직 고요한 마음과 평온한 호흡 (息)을 통해 기식氣息을 기르고, 전신의 내기內氣를 단전丹田에 충 만하게 모으는 것이다.

연기練氣는 기기氣를 단전丹田에 충만하게 모은 후에 밖으로 넘쳐 흐르려는 기감氣感을 느끼면, 의식意識으로 그 기감氣感을 이끌어 체내體內를 운행하게 연습하는 것이다.

각 권가拳家의 내공內功 단련법은, 그 기본 권식拳式과 기법氣法 단련법이 융합하여 완성된 단련형식이다. 예를 들면 양기養氣와 연 기練氣가 융합된 참공站功은, 의식意識으로 기식氣息을 인도하여 경력勁力의 운용과 축발蓄發을 배합하는 연습으로 내공內功 수련의 기본형식 중 하나이다.

내공內功은 강한 신체와 기격技擊이 하나가 되고, 내장內壯과 외 용外勇이 하나가 되며, 순서에 따라 점차 발전시키는 것 등을 강조 하여 무예이론武藝理論의 체계적 형성에 적극적인 영향을 주었고, 내공內功과 관계되는 내련內練·외련外練의 규칙과 실천은 무예이 론武藝理論에 넓게 영향을 주었다.

내련內練 정정精·기기氣·신신神과 외련外練 근근筋·골골骨·피피皮의 사 상思想은, 내련內練과 외련外練이 결합한 연권練拳의 필요성을 강조하여 점차 무예이론武藝理論 중 내외內外를 함께 수련하는 원칙을 형성하게 되었다.

처음에는 내련內練과 외련外練에 상호 관계되는 내內로써 외外를 이끌고(引), 외外로써 내內를 이끄는(導) 수련법이 출현하였다.

그후에 기氣로써 몸을 움직이고, 몸으로 기氣를 도인導引하는 단련방법이 출현했고, 점차 나아가 내외內外가 서로 이끈다는 원칙을 형성하게 되었다.

내內로써 외外를 이끌고, 외外로써 내內를 도인導引하는 수련법은 내동內動으로 외동外動을 인도引導하고, 외동外動으로 내동內動을 도인導引하는 것이다. 내동內動은 인체 내부의 의意·기氣·경勁 세 가지의 움직임을 말하고, 외동外動은 인체 외부의 형태 변동을 가리킨다. 외동外動은 내동內動에 의지해서 움직이므로 안이 움직이지 않으면 밖은 발發할 수 없으며, 내동內動은 외동外動을 통해 밖으로 드러나므로 밖이 움직이지 않으면 나타낼 수 없게 된다.

내동內動으로 외동外動을 인도引導하는 수련법은 의意로써 기氣를 다스리고, 기氣로써 몸을 움직이는 것이다. 의식意識으로 기식氣息을 통제하여 내기內氣를 일정한 경락勁絡 노선에 따라 움직이게 하면 의意가 도달하면 기氣가 도달하고, 기氣가 도달하면 역力이 생기므로 기력氣力이 도달하는 곳에 근육을 서축하는 움직임이 있게 하여 지체운동이 생겨나게 된다.

이러한 수련법은 안이 움직이면 밖이 따르는 조건반사를 이루어지게 하며, 의意·기氣·경勁·형形의 질서와 배합을 촉진하여 하나가 움직이면 모두 움직이고, 하나가 도달하면 모두 도달하고, 하나가 멈추면 모두 멈추게 한다.

외동外動으로 내동內動을 도인導引하는 수련법은 몸으로서 기氣를 이끌고, 관關을 열어 기氣를 이롭게 하는 것이다(以體導氣 開關

利氣). 경혈經穴을 열어 주고 경락經絡이 통하는 길을 소통하게 하
여 내기內氣의 흐름을 촉진하도록 도인導引하는 것이다. 이러한 감
각을 얻게 하고, 형형이 움직이면 기氣가 따르는 조건반사를 이루
어지게 하고, 의意·기氣·경경勁·형형形의 질서적인 배합을 촉성한다.

내공內功의 수련방법은 형태에 따라 크게 정공靜功과 동공動功
두 가지로 나눈다. 정공靜功에는 자세에 따라 좌공坐功·와공臥功·
참공站功이 있고, 동공動功은 자세와 관계없이 신체의 도인導引을
위주로 한다.

내공內功을 수련할 때에는 밖의 어지러움에 피해를 쉽게 받기 때
문에 연공練功에 영향을 주게 된다. 그러므로 사람이 다니지 않고,
소음이 들리지 않으며, 공기가 깨끗한, 고요하면서도 안정된 환경
의 장소를 주의해서 선택해야 한다. 옛날에는 야밤이나 밀실에서
수련을 하면서도 번개나 벼락이 칠 때의 수련을 금기시한 것은, 모
두 고요하고 안정됨을 구하기 위한 목적이었으니 주의해야 한다.

【동공動功】

　동공動功은 행공行功시에 신체 외형이 움직이는 공법功法으로 신체의 움직임을 통해 의기意氣를 도인導引하는 수련법을 말한다.

　동공動功의 수련은 의기意氣와 결합된 지체肢體운동 및 안마按摩, 박격拍擊(가볍게 두드리다) 등의 방법으로 내장內臟·근골筋骨·기부肌膚를 단련하는 것으로 외부 형체의 움직임과 수련형식이 다양하다.

　옛사람이 말하기를 『흐르는 물은 썩지 않고, 문지도리는 좀이 먹지 않는다. 움직여야 한다. 육체와 기혈氣血 역시 그러하다. 형형形이 움직이지 않으면 정精이 흐르지 않고, 정精이 흐르지 않으면 기氣가 막힌다』 또한 『움직여 흔들면 막힌 기氣를 풀어 주고, 혈맥血脈이 유통하며 병이 생기지 않는다. 예를 들어 문지도리가 다할 때까지 썩지 않는다』는 사상思想 아래에서 동공動功의 단련방법을 창조했다고 하였다.

　동공動功의 수련방법은 지체肢體운동·호흡呼吸·의념意念의 세 부분으로 구성되어 있다. 행공行功시에 전신全身·동작動作·호흡呼吸은 부드러워야 하고, 의식意識·동작動作·호흡呼吸은 반드시 결합되어야 한다.

◉ 지체肢體운동

　지체肢體의 단련방법은 대부분 지체肢體의 굴신屈伸·전동轉動·부앙俯仰 등의 동작과 규칙적[리드미컬]이며 규율적인 방법으로 스스로 안마按摩하고, 스스로 박격拍擊하는 것을 말한다.

이러한 방법의 단련목적은 전신의 기혈氣血을 유창하게 촉진시키고 각부 관절을 영활하게 하며, 내장의 기능을 조절하면서 근골筋骨을 강건하게 하여 체질을 전면적으로 증강시키는 데 있다. 여러 종류의 구체적인 다른 방법은 신체의 다른 부위를 단련하고, 또 국부局部의 정상 기능을 증강시킨다.

각종의 지체肢體 단련방법은 정확하고 영활해야 하며, 너무 지나치거나 너무 긴장을 풀어 산만하면 안 된다.

◉ 호흡呼吸

동공動功에서의 호흡呼吸은 부드러우면서 자연스러워야 한다. 그 방법은 세 가지로 구분할 수 있다.

① 자연스러운 순호흡順呼吸으로 호흡呼吸에 주의하지 않는 방법.
② 동작중 호흡呼吸의 정황을 느끼도록 내버려두어 자연히 배합되게 하는 방법.
③ 배합하는 것을 강조하여 일반적으로 호기呼氣를 더욱 강하게 하는 방법.

이러한 호흡呼吸방법은 모두 자연스럽게 통하게 하고, 기氣가 흩어지지 않게 주의해야 한다.

◉ 의념意念

동공動功의 단련은 안정된 상태를 유지하면서 진행해야 하고, 동작과 의념意念은 결합해야 한다. 진행하는 운동과정중에 반드시 정신을 하나로 모으고, 의식意識을 동작에 집중해야 한다. 호흡呼吸의 배합을 강조하는 동공動功은 한 호흡 한 호흡을 숙달하게 하면 가장 적합한 것이다.

매 한 동작의 동공動功은 모두 횟수를 규정하여 매 동작을 행할 때마다 반드시 수를 기억하면 동작과 의식意識의 결합에 도움을 주게 된다. 횟수의 규정은 체력을 기초로 하여 적은 데서부터 많은 데까지 점차 증가시키면서 자기의 체질에 맞추어야 한다. 병폐가 생기면 부적합한 것이니 반드시 단련과정중에서 충분히 이해하여 필요에 따라 조정해야 한다.

이것이 모두 동공動功 중에서 의념意念의 단련에 속하는 내용이 된다.

동공動功의 수련은 의의意로써 기기氣를 다스리고, 관關을 열어 기기氣에 이롭게 하는 것이 결합하여 무예武藝의 기본 기능에 필수적인 내외합일內外合一이 되도록 추구하는 것이다.

여러 권종拳種의 동공動功 단련법은, 각 권종拳種에 필요한 특수 기능을 배양하므로 경력勁力의 축축蓄과 발발發을 숙달시켜 기격技擊능력을 높여 주며, 기력氣力을 북돋우어 공방攻防능력을 향상되게 한다.

【참공站功】

참공站功은 고요히 멈추어선 자세를 유지하면서 의의意로써 기기氣를 다스리고, 기기氣로써 몸을 움직이는 단련을 하는 수련방법을 말한다.

무예武藝의 여러 가지 보형步型은 참공站功 수련에서 걸음의 틀(步架)이 되고, 참공站功 수련을 구성하는 형식이 된다.

참공站功을 수련할 때에는 온몸을 고요히 하고, 의의意로써 기기氣를 이끌어 몸 안을 두루 주류周流하게 해야 한다. 그 모양은 상체上體는 가볍고 허허虛해야 하며 호흡呼吸은 자연스럽게 잘 통하고, 하체下體는 가라앉듯이 착실하여 양다리가 온건히 고정되게 지탱해야 한다. 근육은 느슨히 하여 정확한 규격을 유지하고, 불필요한 근육의 수축은 하지 말아야 한다.

수련이 숙달되면 자연호흡법自然呼吸法에서 복식호흡법腹式呼吸法으로 바꾸고, 의식意識으로 기식氣息을 아래로 인도引導하여 단전丹田에 기기氣를 모아야 한다. 단전丹田에서 기기氣의 감각(氣感)을 느끼게 되면, 의의意로써 기기氣를 이끌어 단전丹田으로 모으거나 사초四梢로 뻗어가는 감각을 주의해서 느껴야 한다.

참공站功 단련으로 얻는 감각은 대뇌大腦에 일정한 조건반사의 통로를 형성하게 된다. 즉 빨리 움직이는 권세拳勢의 움직임 중에서도 참공站功 수련형태가 변하지 않게 보존시켜 준다. 또한 근육의 서축舒縮을 감지하는 능력을 길러 주어 각 부위의 근육을 지배하는 능력을 개선하고, 근육이 의의意에 따르는 활동성을 높여 주게 된다.

참공站功 수련으로 얻는 의기意氣가 흐르는 감각은 의식意識이

기식氣息을 지배하는 능력을 길러 주고, 기氣는 의意를 따라 움직이게 하여 의意가 어디에 도달하더라도 기감氣感 역시 그곳에 도달하게 한다.

참공站功을 수련할 때에는 정확한 자세와 규격規格을 지키고, 근육의 감각과 내기內氣를 모으는 외에 다음 사항들을 주의해야 한다.

① 참공站功 수련의 전전·후後에는 반드시 지체肢體의 긴장을 풀어 주는 것이 필요하다. 수련 전前의 준비운동은 경미하고 부드럽게 각 부위의 관절關節을 돌려 주고, 몇 차례의 심호흡深呼吸을 배합하여 지체肢體를 서전舒展시켜 수련할 때의 신체 관절과 근육이 긴장하는 것을 막아 주도록 하여 수련에만 전념할 수 있게 해야 한다.

② 수련할 때에는 하체下體에 부담이 비교적 많으므로 수련시간을 너무 길게 하는 것은 올바른 방법이 아니다. 시간을 너무 길게 하면, 하체下體는 긴장이 되고 기氣가 머무르게 되며 가슴이 답답해지고 머리가 어지러운 등의 현상이 일어나게 된다. 그러므로 수련시간은 수련자의 능력에 따라 점차 증가시켜야 한다.

③ 참공站功 수련과정중에는 활동성 운동, 혹은 긴장을 풀어 주는 운동을 교대로 수련하여 사용하는 근육이 수축한 다음에는 반드시 펴서 풀어 주어야 한다. 그래야만 움직이는 힘의 모양이 바르게 이루어지고, 하체 근력이 증가되는 효과를 얻게 된다. 일반적으로 정지성靜止性의 참공站功과 활동성活動性의 보법步法을 결합하여 수련하면, 의기意氣는 끊임이 없게 되고 하지下肢는 바르게 조절되는 것이다.

④ 참공站功 수련을 마칠 때에는 하체下體의 근육을 충분히 풀어 주어 근육의 긴장을 없애야만 근육의 통증과 뻣뻣해지는 것을 면할

수 있게 된다.

예를 들면, 참공站功 수련 중 마보馬步는 하체下體의 지탱하는 역량을 증가시키고, 하체下體를 온건하게 고정시키면서 바르게 조절하고, 내기內氣를 단련鍛鍊하는 것이다.

그러나 너무 오래 수련하면 안 된다. 우선 다리의 역량이 부족한데 시간을 연장하게 되면 마보馬步 동작이 변형되고, 기혈氣血이 솟구치며, 호흡呼吸이 급해지고, 가슴이 답답해지며, 머리가 어지러운 등의 현상이 있게 되고, 의식意識과 기식氣息의 단련에 영향을 주게 된다. 계속해서 장시간 수련하면, 사용하는 근육의 힘이 정지된 상태가 되어 근육의 서축舒縮이 교차하는 속도에 영향을 주어 동작이 뻣뻣해지고 둔해지게 되는 것이다.

그러므로 수련시간의 길고 짧음은 정확한 규격과 자연호흡自然呼吸의 기초 위에서 점차로 연장해야 한다. 수련중 근육의 통증이나 형태의 변형, 또는 호흡呼吸이 불편할 때에는 수련을 중지해야지 무리하면 안 된다.

이러한 원리들은 마보馬步뿐만 아니라 참공站功에 사용하는 모든 보형步型도 마찬가지이다. 반드시 정지성 참공站功과 활동성 보법步法을 결합하여 수련하고, 하지下肢의 활동과 상지上肢의 활동을 고르게 수련하여 근육의 역량과 탄력성이 동시에 발전하게 하고, 또한 신체가 전반적으로 발전하도록 해야 하는 것이다.

【정좌靜坐】

정좌靜坐는 양기養氣·양신養身으로 안을 단련하여 근본根本을 길러 주는 공법功法을 말한다. 단정히 앉은 자세를 유지하면서 정靜 가운데서 동動을 찾고, 의념意念의 활동과 기식氣息의 단련을 중요시한다.

좌공坐功을 수련할 때 앉는 자세와 수련형식은 다양하지만, 대부분 양무릎을 구부려앉는 가부좌跏趺坐 방법과, 혹은 의자 등에 걸터앉는 방법을 사용한다.

정좌靜坐의 방법에 이르러 만일 그 방법이 바르지 않으면 무익할 뿐 아니라 해롭게 되니 반드시 주의해야 한다. 능히 정좌靜坐할 수 있으면 마음이 편안하고, 기氣가 순조로우며, 뜻이 바르고, 몸이 바르게 되며, 생각이 고요하게 된다.

우선 단정하게 앉아서 머리를 바르게 하고, 척추를 곧게 하여 상하上下가 하나가 되어야 한다. 몸은 전후좌우前後左右로 굽히거나 기울어지면 안 된다. 양어깨는 아래로 내리어 미세하게 앞으로 당기고, 가슴은 자연스럽게 통하는 느낌이 있어야 하며, 배를 편안히 하고, 마음을 고요히 하여, 모든 잡념을 버리고, 무아無我의 경지에 들어가야 하는 것이다.

눈을 바로 하고 귀는 모든 소리를 듣지 말 것이며, 호흡呼吸을 고르고(調息) 지체肢體는 움직이지 않아야 한다. 또한 마음은 고요히 가라앉히고, 몸은 부드러워야 하며, 의意는 흩어지면 안 된다.

옛글에 말하기를 『대도大道에는 음양陰陽이 있고, 음양陰陽에는 동정動靜이 있다. 정靜한즉 심오함에 들어가는 관건이고, 동動한즉

황홀하다. 동動은 움직이는 것이고, 정靜은 정지하는 것이다』라고
하였다. 또한『동動은 왕성한 생기가 발생하는 것이고, 정靜은 사유
思惟활동이 극極에 이르도록 허虛하면 참된 정靜이다. 동動과 정靜
이 서로 바뀌는 작용은 음양陰陽의 뿌리가 되고 음양陰陽이 섞이는
작용을 한다』고 하였다. 일반적으로 정공靜功 단련의 앞과 뒤에는
반드시 동공動功을 안배해야 하며, 또한 정공靜功의 수련시 확실하
게 정靜해지는 느낌이 없으면 잠시 동공動功을 행해야 적합한 것이다.
　조신調身·조식調息·조심調心은 정좌靜坐의 중요한 단련방법
이다.

◉ 조신調身

　조신調身은 신체의 자세를 단정하게 조정하는 것을 말한다. 정좌
靜坐를 하려면 평상시에 행하고 멈추는 진퇴進退가 매우 침착해야
지 거동이 거칠면 안 되는 것이다. 거동이 경솔하면 기氣 역시 경솔
해지고, 마음이 경박하면 입정入靜하기 쉽지 않으니 반드시 앉기
전에는 우선 이러한 것을 조화調和하여 안정시켜야 한다. 정좌靜坐
시의 조신調身은

　① 의자에 앉거나 자리를 펴고 앉거나 편하게 앉아서 그 체體를
자연스럽게 방임放任하고 기울거나 구부리지 말며, 반드시 옷을 풀
고 허리띠를 느슨히 하여 행공行功하기 알맞게 한다. 단 너무 느슨
하여 연공練功시에 벗겨지는 것은 피해야 한다.
　② 앉을 때에는 둔부가 바닥에 닿게 하고 양대퇴부는 앞뒤로 바
르게 평평해야 비교적 오랫동안 평온하게 앉을 수 있다.
　③ 양다리는 무릎을 접어서 결가부좌結跏趺坐나 반가부좌半跏趺

坐, 혹은 자연 반좌盤坐로 앉는다. 결가부좌結跏趺坐는 전가좌全跏坐 혹은 쌍반雙盤이라고 말하며, 왼발을 오른다리 위에 올리는 동시에 오른발을 왼다리 위에 올리고 양다리 위의 양발을 몸 가까이 당긴다. 반가좌半跏坐는 즉 단반單盤이라고 말하며, 왼발을 오른다리 위에 올리거나 혹은 오른발을 왼다리 위에 올린다.

④ 양손은 안정되게 오른손 손등을 왼손 손바닥 위에 겹쳐서 아랫배 가까이 붙이고 가볍게 다리 위에 놓는다. 왼손 엄지는 오른손을 감싸고 오른손 엄지는 왼손 엄지를 감싸서 양엄지가 교차하는 모양이고, 양장심兩掌心은 위를 향하게 한다.

⑤ 이어서 신체를 좌우左右로 7,8회 흔들어 주어 몸을 단정히 한다. 척추는 억지로 버티거나 구부리면 안 되고, 어깨는 위로 들면 안 된다. 허리는 곧게 세우고 가슴은 안으로 미미하게 품어야 한다.

⑥ 머리는 바로 하고 코는 배꼽을 마주 대하며 치우치거나 기울어지면 안 된다. 머리를 아래로 숙이거나 위로 쳐들면 안 되므로 주의해서 단정히 바르게 앉는다.

⑦ 입 속의 혀를 몇 번 휘저어 배 속의 탁기濁氣를 입으로 토해내고, 코로 맑은 기氣를 천천히 들이마시기를 3회 내지 7회 행한다. 옛글에 말하기를『입으로 탁기濁氣를 토吐하는 법은, 입을 열어 기氣를 내보내면서 조급해서는 안 된다. 면면히 기氣를 내보내면서 신체의 백맥百脈 중 불통不通하는 곳을 생각하면 기氣는 식식을 따라 나간다』라고 하였다. 호흡呼吸은 조급해서는 안 된다. 완만하면서도 세밀해야 조신調身의 기초가 되고 신식身息이 조화되며 호흡呼吸 또한 조급하지 않게 된다는 것이다.

⑧ 구치叩齒 몇 차례를 행한 후 가볍게 입을 다물고 상하上下 입술과 치아는 서로 합하며 혀는 입천장에 붙인다.

⑨ 양눈을 가볍게 폐閉하고 외부의 빛을 보지 말아야 한다.

⑩ 몸을 단정히 하여 바르게 앉으면 온건하기가 반석磐石과 같아야 하고, 불필요하게 몸·머리·사지四肢를 움직이면 안 된다. 만약 오래 앉아서 잠이 오거나 신체가 기울고 굽어지면 수시로 가볍게 교정해야 한다.

조신調身의 요결은 느슨해서도 안 되고 급해서도 안 된다. 다시 말하면 산만해서도 안 되고 긴장해서도 안 된다는 뜻이다.

정좌靜坐를 모두 마친 후에는 반드시 천천히 수족을 늘여서 풀어 준 후에 일어나야지 서둘러 일어나면 절대 안 되는 것이다.

먼저 입을 열어 몇 차례 기氣를 토해서 몸 안의 열기熱氣를 밖으로 내보내야 한다. 이어서 천천히 신체를 흔들어 주고 다시 어깨와 머리를 흔들어 움직인 후 양손과 양발을 천천히 부드럽게 풀어 준다. 이어서 양손바닥을 서로 비벼서 열이 생기게 하여 양눈을 문지른 후 코의 양쪽을 문지른다. 다시 양귀를 문지른 후 머리 부분을 두루 쓰다듬어 주고, 계속해서 가슴·배·손과 팔·발과 다리를 문지른 후 발바닥에 이르러 마친다. 땀이 마르기를 기다린 후에 움직여야 한다.

◉ 조식調息

조식調息은 호흡呼吸을 조절하는 것을 말한다. 옛글에 말하기를 『만약 정좌靜坐를 하고자 하면 반드시 먼저 조식調息을 해야 한다. 면면히 이어지면서도 가득차 있고, 산 것 같기도 하고 죽은 것 같기도 하여 확실치 않으면서 식息이 출입出入하면 마음 역시 이를 따르게 된다. 식息을 고른즉 신神이 스스로 돌아오고, 신神이 돌아오면 식息이 스스로 안정되는 것이다. 심心과 식息이 서로 의지하고 수水와 화火가 스스로 교차하면 식息 하나하나가 뿌리(根)로 돌아감을 의미하고, 도道로 들어가는 처음의 시기이다』라고 하였다.

조식調息은 왕래往來에 순종하는 이치(理)이고, 왕래往來가 막히지 않는 모양(形)으로 호흡呼吸이 마치 없는 것과 같아야 한다는 뜻이다. 행공行功중 호흡呼吸을 조절할 때 있으면서 없는 것 같고 없으면서 있는 것같이 조절하고, 신神으로 기氣를 다스려 행하면 멈추고, 멈추면 행하여, 행하고 멈추는 것을 안정되게 조절하는 것이다.

정좌靜坐시 식息이 조화롭지 않으면 마음이 안정되지 않는다. 의意로써 호흡呼吸을 고르는 것이니 조식調息의 법은 부드럽고 자연스러우면서 균일·세細·심深·장長해야 하는 것이다.

또는 수식법數息法을 채용하기도 한다. 수식법數息法은 내쉬면서 식息을 헤아리거나, 혹은 들이마시면서 식息을 헤아리며, 식息의 수를 하나에서부터 열까지 마음으로 헤아린 후 다시 하나에서부터 식息의 수를 헤아리기 시작한다. 만약 그 수가 열에 이르기 전에 마음이 산란하여 다른 생각이 생기면, 그 수를 멈추고 다시 하나에서부터 헤아려야 한다. 또는 하나에서 백까지 헤아리기도 한다. 반복해서 연습하여 숙련되면 호흡呼吸 하나하나가 자연히 조화되는 것이다. 심식心息이 서로 의지하고 잡념이 생기지 않으면 수數의 헤아림을 멈추고 그대로 자연에 맡겨야 한다.

옛글에 말하기를『식息에는 네 가지가 있다. 하나는 풍風이고, 둘은 천喘이며, 셋은 기氣이고, 넷은 식息이다』라고 하였다. 앉았을 때 코 속에 출입出入하는 식息에 소리가 있는 느낌이 있으면 이는 풍상風相이라 하고, 식息에 소리는 없으나 출입出入이 정체되어 통하지 않으면 이는 천상喘相이라 한다. 식息에 소리가 없고 정체되지 않으나 출입出入이 세밀하지 못하면 이는 기상氣相이라 한다.

식식息에 소리가 없고 정체되지 않으면서 경망되지 않으며, 출입出入
은 면면히 있는 듯 없는 듯하면서 신神을 도와 온건히 안정되면 식
상息相이라 한다.

또한 옛글에 말하기를 『풍風을 지키면 흩어지고, 천喘을 지키면
정체되고, 기氣를 지키면 피로하고, 식息을 지키면 안정된다』라고
하였다. 조식調息의 목적은 풍風·천喘·기氣의 모양을 식息의 모
양으로 만들도록 조정하는 것이다.

그 구체적인 방법은 옛글에 다음과 같은 세 가지가 있다. 『그 하
나는 마음을 안정시키고, 그 둘은 신체를 느슨하게 하고, 그 셋은
모공毛孔으로 출입出入하는 기氣를 생각하여 통함에 장애가 없어야
한다』라고 하였다. 이 뜻은 그 하나는 정서情緒를 온정穩定하게 하
고 의식意識을 안정시켜야 하니 정靜해야 한다는 뜻이고, 그 둘은
신체를 느슨히 하여 긴장을 피해야 하니 느슨해야 한다는 뜻이다.
그 셋은 마음 속으로 호흡呼吸을 생각하여 전신 모공毛孔으로 출입
出入하게 하니 마치 체호흡體呼吸과 같다는 뜻이다.

정좌靜坐를 마친 후에는 입을 열어 기氣를 토하고, 체온이 내려
가기를 기다려 평상시의 상태를 회복한 후에 움직여야 한다.

● 조심調心

조심調心은 마음을 조정하여 헛된 생각을 극복함을 말한다. 평상
시의 말 한 마디 행동 하나도 언제나 모두 가슴 속의 생각에 달려
있으므로 마음이 흩어지지 않으면 자연히 용이하게 극복하게 된다.

① 입정入靜에서 요구하는 것은 두 가지가 있다. 그 하나는 혼란

한 생각을 극복하여 흩어지지 않게 하는 것이고, 다른 하나는 침沈·부浮·관寬·급急의 뜻과 제거하는 방법이다. 혼란한 생각의 극복을 이해하면 침沈·부浮·관寬·급急이 내포하고 있는 뜻과 제거하는 방법을 이해하게 된다.

　정좌靜坐시에는 항상 두 종류의 현상이 있게 된다. 그 하나는 마음이 산란하여 지탱함이 불안정한 것이고, 다른 하나는 마음이 혼침昏沈하여 쉽게 조는 것이다. 일반적으로 처음 앉는 사람은 항상 산란한 것이나 점차 망령된 생각은 감소하게 된다. 그러나 혼침昏沈하기 쉬운 것이다.

　옛글에 말하기를 『앉았을 때 마음이 어두워 바로잡을(攝心) 수 없고, 머리를 아래로 떨구면 침沈이다. 이때 코 끝에 마음을 두고 의意를 흩어지지 않게 하면 침沈을 제거하게 된다』라고 하였다. 침沈은 바로 마음이 혼침昏沈하여 조는 것이므로 의념意念을 가다듬어 코 끝에 두고 정신을 진작해서 양눈 사이를 바로잡아야 한다는 뜻이다.

　옛글에 말하기를 『앉았을 때 마음이 흔들리면 몸 역시 불안하고, 마음이 밖으로 다르게 가면 이것이 부浮이다. 이때에는 마음을 편안히 아래로 내려 단전丹田에 두고 혼란한 생각을 제약하면 마음이 정定해지고 안정安靜하게 된다』라고 하였다. 부浮는 마음이 산란하여 지탱함이 불안정한 것이니, 하나의 생각에 전념하여 단전丹田을 생각하면 자연히 안정되어 바로잡게 된다는 뜻이다.

　옛글에 말하기를 『마음이 급急한 병폐는 앉는 데서부터 마음을 잡는 데만(攝心) 유의하여 이로 인해 입정入定하게 되면 가슴을 향해 위로 급통急痛이 있게 된다. 이때에는 그 마음을 너그럽게 하여 기氣가 아래로 흐른다고 생각하면 스스로 보내게 된다』라고 하였다. 급急은 용의用意가 지나치고 호흡呼吸이 너무 무거워서 가슴과 옆구리가 아프게 되므로 마음을 늦추고, 기氣가 아래로 흐른다고 묵상默想하면 제거된다는 뜻이다.

옛글에 말하기를 『마음이 관寬한 병폐는 심지心志가 산만하고, 몸의 자세가 흐트러졌다고 느끼거나, 혹은 명확하지 않을 때에는 생각을 서둘러 몸을 단속하고, 마음을 여기에 머무르게 하여 신체와 서로 의지하면 고치게 된다』라고 하였다. 관寬은 용의用意가 크게 부족하여 혼침昏沈한 것이므로 신체를 단정히 하고 생각을 고정시켜 양눈 사이를 바르게 주의해야 한다는 뜻이다.

② 조신調身·조식調息·조심調心의 진행중 조정되지 않는 부분이 드러나면 수시로 의意로써 그 부적당함을 조정해야 하는 것이다.

앉았을 때 비록 조신調身을 마쳤어도 그 몸이 관寬하고, 혹은 급急하고, 혹은 치우치고(偏), 혹은 구부리고(曲), 혹은 낮고(低), 혹은 젖혀서(昻) 몸이 바르지 않으면 스스로 느낌에 따라 온건히 안정시키고, 관寬과 급急이 없게 하면 평직하고 바르게 된다.

또한 앉았을 때 몸은 조화롭지만 기氣가 조화롭지 못한 것은 앞에서 말한 것 외에 혹은 풍風하고, 혹은 천喘하며, 혹은 기氣가 급急해서 배가 부풀어오르면 앞에서 말한 방법에 따라 바르게 하여 호흡呼吸은 면면히 이어져 마치 있는 듯 없는 듯해야 하는 것이다.

또한 앉았을 때, 신身身과 식息息은 비록 조화되었어도 마음이 부浮·침沈·관寬·급急하여 안정되지 않을 때에는 앞에서 말한 방법에 따라 바르게 조절해야 한다.

이 세 가지는 전후前後가 없으므로 조화롭지 못한 것을 그에 따라서 조절하고, 신身·식息·심心을 조절하여 도리에 맞지 않는 것을 없애고 하나로 융화해야 하는 것이다.

③ 정좌靜坐의 수련을 마칠 때에 급하게 진행하지 말고, 점차로 정靜에서부터 동動으로 들어가 나쁜 결과를 피해야 한다.

옛글에 말하기를 『행行하는 사람이 만약 정좌靜坐를 마치려고 할
때에는 마음을 풀고(放心), 입을 열어 기氣를 내보내면서 백맥百脈
에서부터 의意를 따라 흩어진다고 생각해야 한다. 이어서 미미하게
몸을 움직이고 어깨와 팔, 머리를 움직인다. 계속해서 발을 움직여
유연하게 하고, 손으로 모든 모공毛孔을 문지른 후 손을 비벼서 따
뜻하게 하여 양눈을 덮어준 연후에 눈을 뜬다. 몸에 열이 없어지기
를 기다려 뜻에 따라 움직여야 한다』라고 하였다.

만약 이렇지 않는 사람들은, 앉거나 혹은 멈출 때 마음이 이미 급
촉하게 나오므로 흩어지지 않고 몸에 머무르게 되어 두통과 뼈마디
가 굳어지는 현상이 있어, 마치 병이 있는 것 같으니 초조하고 불안
하게 되므로 출정出定하고 싶으면 반드시 항상 주의해야 한다.

조신調身・조식調息・조심調心은 비록 단련방법이 다르더라도
연공練功시에는 함께 결합하여 진행해야 한다. 불가佛家에서 말하
는 지관법止觀法 역시 마찬가지이다. 특히 조식調息과 조심調心의
관계는 밀접하니, 그 마음을 세밀히 하고 식식息을 자연스럽고 미미
하게 하여 식식息을 고르면 여러 가지 근심을 없애게 되고, 그 마음
역시 안정된다. 그러므로 조식調息과 조심調心을 서로 촉진시키는
것이다.

불가佛家의 지관법止觀法 중 육묘법문六妙法門은 일종의 조심調
心과 조식調息이 결합된 수련방법 중의 하나이다.

【지관법止觀法】

지止는 정정(禪定)을 말하고, 관觀은 혜慧를 말한다. 지止는 망념을 없애고, 마음을 하나로 모아 정지한 것을 말한다. 연공練功시 혼란하면 수련을 멈추고 혼란한 생각을 없애야 하나, 없어지지 않을 때에는 관觀을 수련해야 한다.

관觀은 눈을 폐閉하고 반관返觀하여 사리事理를 분명하게 판단하여 잡념을 없애는 것을 말한다.

불가佛家에서 말하는 육묘법문六妙法門은 육결의六結意를 말한다. 수數·수隨·지止·관觀·환還·정淨을 주요 내용으로 하는 조심調心과 조식調息이 결합된 지관법止觀法을 말한다.

●**수數**─『수수修數는 기식氣息을 조화하고 원활하며 침착하게 하나에서부터 열에 이르기까지 마음 속으로 수數를 헤아려 마음이 흩어지지 않게 하는 것을 수수修數라 부른다』라고 하였다. 수수修數는 호흡呼吸을 세는 것을 말한다. 하나에서부터 열까지 수를 헤아리면, 다시 처음부터 수를 헤아리기 시작한다. 경우에 따라서는 하나에서부터 백까지도 헤아리고, 더 나아가서는 역으로 헤아리기도 한다. 중요한 것은 마음 속으로 호흡呼吸을 헤아리면서 잡념을 제거하는 것이다.

수수修數의 기초 위에 정서가 점차 안정되어 하나에서부터 열에 이르기까지 자연스럽고 혼란하지 않으며, 출입出入하는 호흡呼吸이 미세하다고 느껴지면 수식修息을 마치고 수수修隨로 들어가야 한다.

●**수隨**─『수수修隨는 수법數法을 버리고 식식의 출입出入을 따라

의지하면서 마음(心)과 호흡(息)을 이어지게 하면, 마음은 안정되고 호흡呼吸은 이어지며 의意는 흩어지지 않으니 이를 수수修隨라 한다』라고 하였다. 즉 수식數息이 숙달되어 심정心情이 안정되면 수식數息을 하지 말고, 한마음으로 호흡呼吸의 출입出入에 의지해서 따라야 한다는 뜻이다.

마음이 이미 안정되어 혼란함이 없고, 호흡呼吸의 길고 짧음을 느끼면서 호흡呼吸이 이미 스스로 출입出入하면, 심식心息이 서로 의지하고 의意는 응결되어 정靜하게 된다.

수수修隨의 느낌이 소홀하고 마음이 싫증나서 버리고 싶은 것이 마치 사람이 극히 피로하여 잠자고 싶은 것과 같아서 모든 일이 즐겁지 않을 때에는, 수隨를 버리고 수지修止로 들어가야 한다.

●**지止** ─『수지修止는 식息을 생각하여 수數와 수隨를 느낄 수 없으면, 그 마음을 고요히 하여 하나로 모으는 것을 수지修止라 말한다』라고 하였다. 즉 수식隨息이 숙달된 후에는 호흡呼吸의 출입出入에 따르지 않아야 하는데, 여전히 따르면 심정心情이 안정되지 않는다는 뜻이다.

『지止는 심신心身이 소멸된 느낌이 있으면, 입정入定하여 내외內外의 모양을 보지 말고 마음을 잡아 안정시키고 임의로 움직이지 않는 것이다』라고 하였다. 심신心身이 모두 존재하지 않게 느끼면 높은 수준의 입정入定상태인 것이다.

●**관觀** ─『수관修觀은 안정된 마음 중에 분별하는 지혜로써 미세하게 출입하는 식息의 모양을 보면 마치 공중의 바람과 같고, 피육근골皮肉筋骨, 36물三十六物은 마치 부실한 파초芭蕉[풀이름]와 같다. 마음이 무상無常함을 알고, 일순간도 머무르지 않으니 내가 존

재하지 않으며, 몸(身)은 심법心法을 받아들여 자기의 성性이 모두 없으니, 사람의 법으로 하지 말고 어느곳이든 의지하여 안정하는 것을 수관修觀이라 한다』라고 하였다. 수관修觀은 높은 수준의 안정된 상태에서 자기의 호흡呼吸상태를 세밀하게 살펴보면 마치 공중의 바람과 같고 신체는 마치 파초芭蕉와 같아 조금도 존재함이 없어야 한다는 뜻이다.

『관觀은, 이와 같이 모든 모공毛孔에 식식의 출입出入을 느끼면, 마음의 눈을 밝게 열어 36물三十六物과 모든 충호虫戶를 꿰뚫어보아 내외內外의 깨끗하지 못함을 일시에 바꾸고, 마음에 희비喜悲가 생겨 사념四念이 있게 되면 사념四念을 파破하여 바꾸면 이를 관觀이라 한다』라고 하였다. 즉 관觀을 할 때에는, 마치 자기의 호흡呼吸이 전신의 모공毛孔으로 식식이 출입出入하는 듯이 느끼면 마음의 문門을 밝게 열고 반관返觀하여 자기의 몸 안을 보아야 한다는 뜻이다.

● 환還 —『수환修還은 마음이 생기는 데서부터 이미 관觀을 알게 되니, 만약 여기서 좌절하면 근본이 있을 수 없게 되므로 당연히 반관返觀하여 마음을 보아야 한다』라고 하였다. 이 뜻은 마음으로써 호흡呼吸을 관찰할 수 있으면 관찰할 수 있는 마음이 있는 것이고, 능히 호흡呼吸의 상태를 관찰할 수 있으므로 당연히 마음의 근본으로 돌아와야 한다는 것이다.

● 정淨 —『수정修淨은 원래 색色을 깨끗이하는 것을 깨달아 망상이 일어나지 않도록 분별하고, 생각을 받아들여 망상을 가라앉히면 수정修淨이라 한다. 즉 나의 더러움을 찾아 가라앉히는 것, 마음을 본래처럼 청결히 하는 것, 또한 수修할 곳을 수修하지 않아 부정不

定한 것을 깨끗이하는 것 모두를 수정修淨이라 말한다』라고 하였다. 정淨은 어떠한 망상도 생기지 않고, 청결하여 추호도 잡념이 없는 것을 말한다.

『정淨은 수련할 때에 심혜心慧가 밝게 트여 서로 응하고 방편方便에 장애가 없으면 일깨우는 대로 맡겨서 삼매三昧를 바르게 받아들인다』라고 하였다. 이때에는 마음은 멈춘 물(水)과 같고, 망상은 전혀 없으니 하나의 티끌도 일어나지 않는 것이다.

【第四章】

龍虎秘訣

●

《용호비결龍虎秘訣》은 조선시대朝鮮時代 중종中宗 때의 학자인 북창北窓 정염鄭磏 선생(1506~1549)께서 지은 필사본의 비결서로서 그 동안 우리나라 도가道家에서 수단지도修丹之道의 귀중한 요결要訣로 비전秘傳되어 왔다.

여기에는 서문과 〈폐기閉氣〉·〈태식胎息〉·〈주천화후周天火候〉의 세 조목, 요결인 〈현관비결타좌식玄關秘訣打坐式〉·〈자미부인복출법紫微夫人服朮法〉, 정좌靜坐 전후前後에 행하는 열네 가지의 〈도인법導引法〉, 다섯 가지의 활동적인 동공動功인 〈오금수희법五禽獸戲法〉이 실려 있다.

이 책에서는 서문과 〈폐기閉氣〉·〈태식胎息〉·〈주천화후周天火候〉·〈현관비결타좌식玄關秘訣打坐式〉을 소개한다.

龍虎秘訣

【용호비결龍虎秘訣】

수단지도修丹之道는 지극히 간단하고 쉬운 것이다. 이제 이에 관한 책이 매우 많아서 서고에 가득찰 지경이지마는 그 말이 너무나 황홀하고 어려운 것이다. 그래서 고금古今으로 배우려는 사람은 입문入門 방법을 몰라 장생長生을 얻으려다 도리어 요절夭折하는 자者가 많았다.

참동계參同契 한 편은 실로 단학丹學의 비조鼻祖가 되는 책이나, 천지天地의 이치를 참작하고 괘효卦爻에 비교하여 설명하였기 때문에 처음 배우는 사람으로서는 어려운 것이다. 지금 입문入門에 있어서 쉽게 알 수 있는 것을 몇 장章 적으니, 이것을 깨달으면 한 마디로 족한 것이다. 즉시 처음 시작하는 방법은 폐기閉氣일 뿐이다. [이것은 소위 지극히 간단하고 쉬운 일언지결一言之訣이다. 고인古人은 모두가 이 비법을 감추고 쉽사리 말하려 하지 않았다. 그래서 사람들은 시작하는 방법을 알지 못해 자신의 기식氣息에서 수단修丹하는 줄을 모르고 밖으로 금석金石에서 장생長生을 얻으려다 도리어 요절夭折해 버리니 애석한 일이다.]

폐기閉氣를 하려면, 우선 반드시 마음을 차분히 하며 다리를 접어 포개고(疊足) 단정히 앉는다. [불서佛書에서 말하는 금강좌金剛坐라는 것이다.] 이어서 눈까풀을 아래로 내려 코를 내려다보며 코는 배꼽을 대한다.[공부정신工夫精神이 모두 여기에 있으며, 이때 전체(夾脊)는 차륜車輪처럼 이어지게 된다.] 숨을 천천히 들이켜 마신 후 서서히 내쉬며 신기神氣를 배꼽 아래 일촌삼푼一寸三分 되는 곳에 집중시켜 항상 머무르게 한다. [단단히 폐기閉氣할 필요는 없다. 참을 수 없게 되면 뜻으로 아래로 내려보내며, 마치 소변小便 볼 때와 같이 하면 소위 말하는 취허뢰손풍吹噓賴巽風이 된다. 그러므로 마음을 차분히 가라앉힐 수 있으면 머리를 숙여 눈은 코를 보고 코는 배꼽을 대하면, 기氣가 내려가게 된다. 처음 폐기閉氣하자 가슴이 부듯하거나 찌르는 것 같은 통증, 혹은 뇌명雷鳴이 나면서 내려간다면 모두 기뻐해야 할 징조인 것이다. 이것은 상부풍사上部風邪가 정기正氣에 몰려 공동空洞한 데로 흘러 들어가게 되어 전송傳送하는 길을 얻게 된 것이다. 이후에는 기氣가 자연히 평안平安하여 병이 저절로 사라지게 되는데, 이것은 처음의 길이고 또한 약간의 효험이라고도 할 수 있다. 가슴과 배앓이를 자주하는 사람이 힘을 더욱 기울여 하면 효과가 가장 묘한 것이다.]

이렇게 근면히 하여 숙련되면, 소위 현빈玄牝이란 일규一竅를 얻게 되는데 이로써 백규百竅가 모두 트이게 된다.[태식胎息을 규竅에 하다가 그 일규一竅를 얻으면 수선지도자修仙之道者가 되는 것이다.]

이로 인해 태식胎息이 되고 주천화후周天火候가 되며 결태結胎하게 되니, 모두 여기서 이루어지는 것이다. 혹시 이것을 방문소기旁門小技라 여겨 행하지 않는다면 애석한 일이다.[通結工夫]

변화비승지술變化飛昇之術은 내가 감히 말할 수 없지만, 양신養神에 있어서 천방백약千方百藥으로도 이에 비할 수 없는 것이다. 미월彌月 동안 행하면 백병百病이 모두 사라지니 마음을 기울여 행해야 한다. 풍사지기風邪之氣가 혈맥血脈 속에 잠복하여 모르는 사이에 멋대로 돌아다니면 살신殺身의 도끼나 다름없는 것이고, 오래되어 경經에 스며들어 뼈 속 깊이 들어가면 제아무리 약을 먹고 치료해도 이미 때가 늦은 것이다.[병을 치료하는 데 있어 의가醫家는 병이 든 후에 하지만, 도가道家는 병들기 전에 한다.]

정기正氣와 풍사風邪는 얼음과 숯불같이 서로 용납하지 않는 것이다. 정기正氣가 있으면 풍사風邪가 자연히 밀려가 버리므로 백맥百脈이 저절로 유통流通되며, 삼궁三宮이 절로 승강升降하게 되어

질병이 침입하지 못하게 되는 것이다. 더욱 근면히 하면 장수를 누리게 되며, 조박糟粕을 얻어도 불안不安이 없이 평생을 누리게 되어 삶에 대해 애착을 느끼게 된다. 내가 종종 이것을 여러 친구에게 증정하는 것은 서로 좋아하기 때문이다. 이것을 느끼는 사람은 남의 광망狂妄을 용서하면 정녕 좋은 일이다.[이 말의 공효功效에 대해 또 근면히 하라고 당부한다.]

고인古人의 말대로 순順하면 사람이며, 역逆하면 선仙이라 하듯이 하나가 둘로, 둘이 넷으로, 넷이 여덟으로, 육십사六十四까지 이르게 되며, 모든 일을 인도人道로 삼는다.[順推工夫]

다리를 접어 포개고(疊足) 단정히 앉아 마음을 차분히 하여 만사萬事의 교란을 물리치고 무無의 태극太極으로 돌아가는 것은 선도仙道이다.[逆推工夫]

참동계에 소위 마음을 가다듬고 뜻이 허무虛無로 돌아가 항상 아무 생각도 없게 한다는 것이다.[무無는 태극太極의 본체本體이다.] 움직여 보아 마음이 전일專一되고 종횡縱橫하지 않으면, 이것이 수선修仙의 제일의第一義이다. 그러니 의지를 바로 세우는 데에는 이른 (무) 것이 귀貴하고, 정기鼎器가 쇠패衰敗한 후에는 제아무리 힘을 기울여도 선仙의 서열에 들어갈 수 없으니 다시 당부한다.

【폐기閉氣】

[혹은 복기伏氣라 하고, 또는 누기累氣라고도 한다. 황정경黃庭經에서는 신선도사神仙道士란 달리 있는 것이 아니라, 정기精氣를 누적累積시키는 것이 진정眞正이라고 했다.]

폐기閉氣하는 데에는 눈을 기치旗幟로 삼아 기氣의 승강升降에 있어 좌우전후左右前後 모두 뜻대로 보내는 것이다.[기氣를 위로 올리려면 눈을 위로 보고, 아래로 내리려면 아래를 내려다보며, 왼쪽 눈을 감고 오른쪽 눈을 떠서 위를 보면 우기右氣가 돌며 오른다. 오른쪽 눈을 감고 왼쪽 눈을 떠서 위를 보면 좌기左氣 역시 상승한다. 아래로 내리려면 앞의 임맥任脈으로 하고, 위로 올리려면 뒤의 독맥督脈으로 한다. 신神이 움직이면 기氣도 운행되고, 신神이 멈추면 기氣도 멈추는 것이다. 신神이 가는 곳이면 기氣가 모두 닿는다. 이것은 완전히 눈으로 기치旗幟를 삼고 있는 것이다. 만약 위로 보려고 하면서 눈을 뜰 필요가 없으면, 다만 눈동자를 돌려 위를 보아도 된다.]

그러나 세상 사람은 모두가 상성하허上盛下虛하여 기氣가 위로 솟아오르기는 해도 아래로는 뻗지 않고 있다. 그러므로 반드시 기氣를 중궁中宮으로 내려야 한다.[戊己土] 그래서 혈맥血脈이 전신에 흐르고 비위脾胃가 화창하게 한다.[이것은 세상 사람이 해야 할 뿐 아니라 수단守丹의 요결要訣도 역시 이것을 지켜야 한다.] 능히 혈맥血脈으로 흐르게 할 수 있으면 임독양맥任督兩脈이 모두 트여 장수를 기할 수 있는 것이니 반드시 지켜야 한다. 그러므로 수단지도修丹之道는 반드시 폐식閉息이 입문入門방법이 되어야 한다. 다리를 접어 포개고(疊足) 단정히 앉아 얼굴을 차분히 펴며, 눈을 감고 아래로 내려다보면서 반드시 신기神氣를 배꼽 아래 단전丹田에 모이게 한다. 그러면 상부풍사上部風邪는 마치 안개가 내리듯이 아래로 내려 먼저 흉복胸腹으로 온다.〔처음에는 배가 뿌듯하다가 이어서 배가 아프게 된다.〕이렇게 전송傳送하는 길을 얻은 뒤이면 몸이 편안하고 전신에 땀이 배어나오며 일신백맥一身百脈이 전신에 흐른다. 그러면 뜻을 가다듬고 융합시키면, 눈(眼) 앞에 눈(雪)이 펄펄 쏟아져도 내가 형체 있는지 아니면 형체가 있는 나인지 모르게 되어 명명冥冥 황홀 속에서 이미 태극太極이 갈라지기 전의 경지에 있게 되니, 이것은 소위 진경계진도로眞境界眞道路이며 이밖의 것은 모두 사설망행邪說妄行이다.〔閉氣之工〕

【태식胎息】

[경經에 이르기를 태胎는 복기伏氣 속에서 응결하고, 기氣는 태胎 속에서 숨을 쉰다. 기氣가 몸에 들어오면 살게 되고, 신神이 형체에서 떠나가면 죽는 것이다. 장생長生하려면 신神과 기氣가 서로 함께 있어야 한다. 신神이 움직이면 기氣도 움직이고, 신神이 멈추면 기氣도 멈추게 되므로 근면히 행해야만이 진정한 길이다.]

폐기閉氣에 약간 숙련되고 신기神氣가 약간 안정된 뒤 가볍게 기氣를 밀어 배 밑에 털난 데까지 내려 세심히 기氣를 추구推究한다. 기식氣息은 나온 곳으로 해서 출입出入하여 일호일흡一呼一吸이 그곳에서 이루어지며[이것은 소위 현빈일규玄牝一竅로써 수지도修之道가 여기에 있다], 입과 코에서 출입出入하지 않는다. [그러나 일촌여기一寸餘氣가 늘 입과 코 사이에 있다.] 이것이 소위 모태지식母胎之息이고, 소위 귀근복명지도歸根復命之道이다. [또한 반본환원返本還元이라 부른다. 사람이 태胎 속에서 입과 코로 호흡하지 않고 다만 제대臍帶로 어머니의 임맥任脈에 이어져 있는데, 임맥任脈은 폐肺에 통하여 있고 폐肺는 코에 이어져 있어 어머니가 숨을 들이마시면 역시 들이마시고, 어머니가 내쉬면 역시 제대臍帶로 내쉬는 것이다. 그후 제대臍帶가 잘라지면 호흡이 코와 입으로 돌아가게 된다. 그런데 잘 양호(持養)하지 못하여 그 기氣가 사라져 질병疾病이 생기면 요절夭折하게 되는 것이다. 만약 귀복지법歸復之法을 얻어 정진精進하면 벽곡등선辟穀登仙하는 것이 모두 여기에 있다. 고인古人이 이런 시詩를 썼다. 『집이 낡아도 수리하기 쉽고 약이 고갈되도 삶에는 어렵지 않다. 그런데 귀복법歸復法을 알게 되면 금보金寶가 산더미처럼 쌓인 것과 같다』라고 하였다.]

그래서 태식胎息을 한 후에는, 그 기氣가 유화柔和하고 차분히 안정되어 호흡呼吸 없는 식식息까지 이른다. 경경經에서 말하기를, 기氣가 안정되면 호흡呼吸이 없게 된다고 하였다. 지난날 갈옹葛翁이 매년 무더운 여름이면 심연深淵에 들어가서 열흘 만에 나왔는데, 그것이 바로 폐기閉氣·태식胎息이다.

【주천화후周天火候】

[화火는 내외內外·지속遲速이 있다. 처음에는 기혈氣血이 모두 허虛하므로 폐기閉氣된 지 얼마되지 않아 화후火候가 쉽게 흉복胸腹 사이에서 일어난다. 오래되어 흩어지지 않으면 필연 포근한 기氣가 그 사이로 맴돌게 된다. 이때 혈기血氣가 점차 실實하여져 화기火氣도 느려지게 된다. 또한 문무진퇴지법文武進退之法이 있으니 조심해야 된다.]

주천화후周天火候란 다만 열신편신熱身遍身인 것이다. 신기神氣가 배에 모이게 될 때, 만약 한층 더 뜻을 집중시켜 취허吹噓할 수 있다면[이때 문무화후근량법도文武火候斤兩法度가 있으며, 또한 진퇴지법進退之法이 있으니 가장 조심해야 한다. 만약 신심身心이 안정된 후 제대로 진화進火하면 흉광胸胱과 양신兩腎은 끓는 물에 삶기는 듯하며, 허리 이하 부분은 극히 상쾌하다. 만약 안정되지 못할 때 진화進火하면 전신이 불과 같아 도리어 몸에 큰 해가 있는 것이다] 포근한 기氣가 미미한 데서부터 점차 커져 아래에서 위로 올라간다.[열기熱氣가 닿으면 점차 트이면서 위로 올라간다.] 마치 꽃이 점차 피는 것 같다. 소위 화지생연화華池生蓮花라 한다. [신수화지神水華池라는 것은 허虛가 극도에 달하므로 정정靜을 잘 지켜야 할 때로써 가장 중요한 점이다.]

잘 지켜서 좀 오래되면 열熱이 점차 성성盛해져서[이것은 소위 꽃이 피어날 때 봉오리에 이슬이 짙어진다는 것이다. 이때 역수逆水로 감진甘津이 올라 예천醴泉을 이루는 것이니, 소위 옥장금액玉醬金液이라 한다] 배 안이 크게 열려져 마치 아무것도 없는 것같이 느껴진다. 잠시 후 열기熱氣가 전신에 퍼지는데 이것이 바로 주천화후周天火候라는 것이다. 그러므로 화火를 제대로 운행하면 참을 수 없는 지경에 이르지는 않는다.

배꼽 아래 일촌삼푼一寸三分 되는 곳, 즉 소위 하단전下丹田이라 하는데 신기神氣를 이곳에 주입시켜 하단전下丹田과 상단전上丹田 [이환궁泥丸宮]이 상응하여 울리는 것같이 되면, 소위 옥로玉爐[단전 丹田의 이명異名]의 화火가 정상[이환泥丸]을 덥게 하여 자하紫霞가 생긴다. 상하를 고리같이 연결시켜 끝이 없게 해야만이 그 화火를 온양溫養시켜 상실하지 않게 된다.[하루에 자子·오午·묘卯·유酉에 반드시 진화進火하여 포근한 기氣가 잠시도 쉬지 아니하게 한다. 언제나 주야晝夜 똑같이 하여 열 달(十月) 뒤에는 태胎가 이루어진다.]

청명지기淸明之氣가 위로 이환궁泥丸宮에 모여지는데 선가仙家 는 소위 현주玄珠라 하고, 불가佛家는 소위 사리舍利라 하는 것이 있게 되는 것은 필연의 이치이다. 성도成道의 여부與否는 사람의 지성至誠이 어떤가에 달려 있는데, 일찍 달성하는 것이 귀貴하다. [공공을 마친 것이다.]

또 이르기를, 소위 이화연약以火煉藥 이단성도以丹成道라는 것 은 이신어기以神御氣 이기유형以氣留形하는 것인즉 서로 떨어지지 않아야 된다.

장생술長生術은 알기는 쉽지만 만나기는 어려운 것이다. 설혹 만 난다 해도 전념을 기울여 행하지 않으면 소용이 없다. 그래서 많은 사람들이 배웠지만 필경 일이성一二成도 성취 못하고 마는 것이다. 배우는 데에는 지성至誠이 귀貴한 것이다.[흘러듣지 말 것]

또한 정기正氣가 강腔 속에서 도처로 초연히 다니는 것이다. 달 마達摩가 태식법胎息法을 얻었기 때문에 면벽面壁할 수 있었다. 황 정경黃庭經에서 이르기를, 사람들은 모두 오곡五穀의 정精을 포식 飽食하지만 유독 나만은 음양기陰陽氣를 복용한다고 했다. 이 두 가지로 보아 벽곡辟穀은 완전히 태식胎息으로 행해야만 벽곡辟穀할 수 있고, 혼자 음양지기陰陽之氣를 복용하니 지호地戶는 닫히고 천

문天門이 열리니 등선登仙 길은 평탄한 것이다.

이상 세 가지를 비록 이름을 각각 지었지만, 오늘 하나하고 내일 하나하는 것이 아니라 공부工夫는 완전히 폐기閉氣에 있는 것이다. 그러나 공부工夫는 깊고 얕은 등급이 있고, 높고 낮음이 있다. 아무리 변화비승지술變化飛昇之術이라도 이 세 가지를 떠날 수 없으니 자신의 지성至誠에 달린 것이다.

【현관비결타좌식玄關秘訣打坐式】

양발을 십자十字로 꼬고(蟠兩足十字) 양발바닥을 위로 향하게 한다(兩足掌向天). 머리를 바로 하며(頭正) 허리를 곧게 편다(腰直). 가슴을 거두고(收胸), 눈은 바로 하며(平眼) 손을 합친다(合手).〔좌左가 우右를 합하면 용탄호龍吞虎라 한다〕 체정體正.〔굽지도 젖히지도 않고 좌우左右로 기울지도 않아야 한다.〕

◉ 수시반청收視反聽

먼저 눈을 안으로 돌려 마음을 보아야 한다. 이것은 소위 반신귀사返神歸舍라 한다. 마음은 도道에 향하고 귀를 고정시켜 다른 소리를 듣지 않도록 한다.

◉ 공정정정空正定靜

공空이라 함은 마음 속에 아무런 사념思念과 걱정이 없는 것이고, 정正이라 함은 밖으로는 몸을 기울이지 않도록 바로잡는 것이고, 안으로는 마음을 바로잡아 사邪하지 않게 하는 것이다. 마음과 뜻이 융합되면 자연히 고정(定)되고 신神과 기氣가 응결凝結되면 자연히 정靜해진다.

◉ 의개신심意開神心

이때 천일생수법天一生水法을 쓰면 된다. 뜻을 통일시켜 고정하여 현관玄關에 주입시킨다. 의意는 마음에서 일어나는 것이다. 의意가 주입되는 곳에 신神도 멈추고, 신神이 멈추면 기氣도 따라 멈추게 되며 기혈氣穴에 모이게 된다.

◉ 폐기요정閉氣腰挺

폐기閉氣를 하지 않으면 정精·기氣·신神이 부실不實하니, 반드시 입을 다물어 숨을 참을 수 없을 정도까지 폐기閉氣하다가, 또한 침을 삼켜야 할 때에는 기氣를 약간 내보내며 즉시 폐쇄해야 한다. 허리는 일신一身의 중류저주中流砥柱이니만큼 반드시 허리를 세워야 정신을 진작시킬 수 있다.

◉ 물착의勿着意

의意는 떠나지 않고 있는 듯하면서 없는 듯해야 진의眞意이다. 만약 너무나 의意를 움직이면 후천後天이 되므로 이익이 없을 뿐더러 해가 있다.

◉ 잡념기雜念忌

앉는 것은 공우空宇를 위주로 한다. 공空을 모르고 공연한 공空을 추구하면 항공頑空이 된다. 안으로 색色이 있어도 색色이 없게 보이는 것이 진공眞空이다. 그러므로 덧없는 사념과 잡념은 가장 금기禁忌해야 할 색色이니 즉 경색景色이다.

◉ 사혈심死血心

즉 〈연煉〉이다. 마음이 죽어야 신神이 살아난다. 이것은 심혈心血이 음陰에 속하고, 신神은 양陽에 속하여 양陽이 성盛하면 음陰이 쇠衰하게 된다. 그러므로 앉을 때에는 심心은 허정虛靜하고 신身은 무無에 들어가야 한다. 동정動靜이 없고 물아物我를 잊어 내외합일內外合一해야 얻게 된다.

◉ 영내후寧耐候

공자孔子께서 이르시기를, 어려운 것이 항심恒心이라 했다. 항심恒心으로써 성聖이 되는 기본을 삼아야 하는데, 이를 행하지 않으면 이룩할 수가 없다. 그래서 견실한 인내력이 있고 꿋꿋하게 진眞을 지켜야 물이 빠지고 돌이 나오게 된다. 훗날 공功을 이루려면 완전히 영寧을 믿어야 한다.

이상 타좌법打坐法을 매일 이차二次 또는 삼차三次를 수시로 한다. 한 번 앉으면 오래 앉는 것이 좋은데, 만약 오래 앉을 수 없으면 발에 향香 한 자루를 끼워 피우고 다 탈 때까지 해야 효과(功)를 얻을 수 있다. 언제나 뜻을 이 관關에 두어야 하고 떠나서는 안 된다. 그후에는 이 관關을 쉽게 열 수 있다.

정정定靜할 때 혀를 가볍게 입천장에다 대어 청淸은 올라오고 탁濁은 내려가게 하며, 차게 되면 단전丹田으로 삼킨다. 삼킬 때 기氣를 약간 입으로 내보내어 후천탁기後天濁氣가 머무르지 않게 한다. 앉는 것을 끝낸 후에는 양손을 덥게 비벼서 눈의 화火를 내보내게 6,7번 문지르고, 다시 팔다리를 내밀어 펴주며 화火를 내보낸다.

【원문原文】

龍虎秘訣

北窓 鄭 磏 著

修丹之道至簡至易而今爲書汗牛馬充棟宇且其言語
太涉恍惚難了故古今學者不知下手之方欲得長生反
致夭折者多矣至於參同契一篇實丹學之鼻祖顧亦參
天地比卦爻有非初學之所能蠡測今述其切於入門而
易知者若干章若能了悟則一言足矣下手初閉氣而已
此所謂至簡至易之道一言之訣古人皆秘此而不欲便言故人未
知下手之方不知修丹於吾氣息之中而外求於金石欲得長生反
致夭折哀哉　今欲閉氣者先須靜心疊足端坐　佛書所謂金
剛坐也　垂簾下視眼對鼻白鼻對臍輪　工夫精神全在於此
當時夾脊如車輪矣　入息綿綿出息微微常使神氣相注於
臍下一寸三分之中　不須緊閉不出於至於不可忍住唯加意
下送略如小便時所謂吹噓賴巽風苟能靜心垂頭下視眼視鼻白
鼻對臍輪則氣不得不下當其閉氣之初便覺胸次煩滿或有刺痛
者或有雷鳴而下者皆喜兆也盖上部風邪爲正氣所迫流入於空
洞處得其傳送之道然後氣自平安病自消散乃初頭道路亦可謂
片餉證驗常患胸腹者尤宜盡心其效最妙　　念念以爲常至於

工夫稍熟得其所謂玄牝一竅百竅皆通矣 胎息於竅中得此一竅則修仙之道者也　由是而胎息由是而周天火候由是而結胎莫不權輿於此矣或者以爲旁門小技莫肯行之惜哉 通結工夫　變化飛昇之術非愚所敢言至於養神千方百藥莫之與比行之彌月百病普消可不爲之盡心乎矣風邪之氣伏藏血脉中而冥行暗走不知爲殺身之斧斤久矣傳經深入膏肓然後尋醫服藥亦已晚矣　醫家治病治病於已病之後道家治病於未病之前　正氣與風邪如冰炭之不相容正氣留則風邪自走百脉自然流通三宮自然升降疾病何由而作乎稍加精勤則必至延命却期得其糟粕亦未有不安怡令終者也愛之欲其生愚嘗以此爲諸子贈亦相愛之道也觀乎此者恕其狂妄幸甚　此言功效又勤勉之　謹按古人云順則爲人逆則爲仙盖一生兩兩生四四生八以至於六十四分以爲萬事者人道也 順推工夫　疊足端坐垂簾塞兌收於萬事之紛擾歸於一無之太極者仙道也 逆推工夫　契所謂委志歸虛無無念以爲常 無者太極之本體也 證驗以推移心專不縱橫此修仙之第一義也但立志貴早鼎器衰敗之後雖百倍其功難與上仙之列 又勉之

一. 先 閉氣

或曰伏氣亦曰累氣黃庭經曰神仙道士非有他積精累氣以
爲眞正謂此也

閉氣者以眼爲旗幟氣之升降左右前後莫不如意之所
之 欲氣之升者上其視欲氣之下者下其視閉左眼開右眼以上其
視則右氣旋升閉右眼開左眼以上其視則左氣亦升下用任脉於
前上用督脉於後而神行則氣行神住則氣住神之所至氣無所不
至莫不以眼爲旗幟且欲上視者不須開眼只轉睛上視亦得也 然
世人皆上盛下虛每患此氣之升而上下不交故務要此
氣之降而在中宮 戊己土 使血脉周流脾胃和暢而已 此
不但世人爲然守丹之要亦欲守在竅中 能使血脉周流至於
任督皆通則延年却期豈不可必故修丹之道必以閉息
爲下手方疊足端坐舒顏和色垂簾下視必使神氣相住
於臍下丹田之中則上部風邪如雲委霧降滾滾瀉下先
走於胸腹 初則腹滿次則腹痛 得其傳送之道然後身體和
平汗氣蒸潤一身百脉周流大遍則一意冲融眼前白雪
紛紛而下不知我之有形形之有我窈窈冥冥悅悅惚惚
已在太極未判之前矣此所謂眞境界眞道路外此皆邪
說妄行耳 閉氣之工

二. 其次 胎息

經曰胎從伏氣中結氣從有胎中息氣入身來爲之生神去離
形爲之死欲長生神氣相住神行則氣行神住則氣住勤而行
之是眞道路

閉氣稍熟神氣稍定然後稍稍推氣下至腹下毛際細心
推究此氣氣息所從出處隨出隨入使一呼一吸常在其
中 此所謂玄牝一竅修之道在此而已 而不出於口鼻之間
然常有一寸餘氣在口鼻之間 此所謂在母胎之息所謂歸根
復命之道也 亦曰返本還元人在胎中不以口鼻呼吸只以臍帶
通於母之任脉任脉通於肺肺通於鼻母呼亦呼母吸亦吸至臍帶
然後一落呼吸通於口鼻反其持養失宜其氣消鑠於是乎疾病生
夭折作矣若得歸復之法精進不已則辟穀登仙皆在於此古人有
詩曰屋毀修容易藥枯生不難但知歸復法金寶積如山 故能胎
息然後此氣柔而和和而定至於無呼吸之息經云氣定
則無呼吸昔葛翁每於盛暑入深淵中十日乃出其以閉
氣胎息也

三. 其次 周天火候

火有內外遲速初則氣血俱虛故閉氣未久火候易發胸腹之
間久而不散則必有溫溫之氣出其間當此之時血氣漸實火
氣亦遲又有文武進退之法不可不審也

周天火候云者不過曰熱身遍身也神氣相注於腹之間
當此時若能加意吹噓 此時有文武火候斤兩法度又有進退
之法最不可不審若於身心靜定之後進火如法則胸胱兩腎如湯
煎而自腰以下清爽異常若不靜定經進火候則遍身如火反有大
傷於身也 則溫溫之氣從微至著自下達上 熱氣所至漸漸
開豁上達 如花之漸開所謂華池生蓮花 神水華池云者致
虛極守靜篤之時也此最緊要處也 保守稍久熱漸生盛 此所
謂花開漸苞露漸濃此時逆水上甘津在爲醴泉所謂玉醬金液也
腹中大開有同無物須臾熱氣遍身此所謂周天火候也
苟能運火如法則不至於不可忍耐臍腹之下一寸三分
卽所謂下丹田欲使神氣相注在此下田與上丹田 泥丸
宮 相應如響所謂玉爐 丹田異名 火溫溫頂上 泥丸 飛紫
霞也上下灌注如環無端苟能使此火溫養不失 一日之
間子午卯酉必須進火使溫溫之氣無一息不進火常使晝夜如一
至十月然後胎可成也 清明之氣上結泥丸宮仙家所謂玄

珠佛家所謂舍利有必然之理至於成道與否在人誠如
何耳但早達爲貴 功畢也 抑又聞之所謂以火煉藥以丹
成道不過以神御氣以氣留形不須相離自長生術則易
知道難遇縱然遇了不專行所以千人萬人學畢竟終無
一二成凡學以誠爲貴 摠言之 又曰正氣常盈腔裏何妨
燕處超然達摩得胎息法故能面壁觀心黃庭經曰人皆
飽食五穀精我獨飽此陰陽氣以此二者觀之則辟穀專
由胎息苟能辟穀獨飽此陰陽之氣則地戶閉天門開豈
不平路登仙乎

　　右三條雖各立名非今日行一條明日又行一條其
　　工夫專在於閉氣中但工夫有淺深等級有高下雖
　　變化飛昇之術皆不外此三者唯其誠耳

玄關秘訣打坐式

蟠兩足十字　　兩足掌向天　　頭正　　腰直　　收胸　　平
眼　　合手 左合右謂之龍吞虎　　體正 不過俯不過仰不偏左
不偏右

收視反聽　　先將眼返入內視其心所謂返神歸舍心向乎道須凝
　　　　　　耳韻而不聽其聲也

空正定靜　　空者內無思念了無牽罣正考外正其身不側內正其
　　　　　　心不邪心與意會自然定神與氣凝則自然靜

意開神心　　其時可用天一生水法意專是注玄關意乃心之所發
　　　　　　意之所注神亦住焉神住氣亦住焉乃凝入氣穴

閉氣腰挺　　不閉氣則因精氣神三寶不全故必閉其口至其息閉
　　　　　　到於難忍處與咽津時略將氣放一陣卽爲閉回若腰
　　　　　　爲一身中流砥柱必要挺身乃能振刷精神

勿着意　　　意以不卽不離若有若無爲眞意若太用意則落後天
　　　　　　無益而有損

雜念忌　　　坐以空字爲主又不知空徒空使落於頑空必要內有
　　　　　　其色又無色之見存乃爲眞空若浮思雜念最忌色卽
　　　　　　景色

心血死　煉以心死則神活蓋心血屬陰神屬陽陽盛則陰衰故
　　　　坐時要心虛靜身入無爲動靜兩忘內外合一乃得
候耐寧　孔聖云難乎有恒以有恒爲作聖之基欲遠則不達所
　　　　以有堅耐之力毅然有守眞到水落然後石出也他日
　　　　功成全賴寧

以上打坐法每日兩次三次隨便每坐以久爲佳如不
能久以脚香燃一杖爲度乃能見功總要時時意在此
關不離這個然後此關乃易開

　定靜之時以舌輕輕頂住上腭使升淸降濁如滿咽
　下丹田咽時略放出口氣免帶後天濁氣坐完將兩
　手搓熱以出眼火六七番又要伸拳弄脚以出火也

龍虎秘訣

【第五章】

修錬法

修錬法

◉

무예武藝는 공방攻防의 기격동작을 주요 단련내용으로 하며, 공법功法·투로套路·격투格鬪를 운동형식으로 하여 내외內外를 함께 수련하는 것을 중시한다.

이러한 무예의 세 가지 운동형식은 각자 체계를 이루면서 서로 조화하고 상호 돕는 기능을 한다.

공법功法은 투로套路와 격투기술格鬪技術을 향상시키고 숙달시키며, 인체의 잠재능력을 개발하고 공방기예攻防技藝에 필요한 신체기능을 높여 주는 단련방법이다. 공법功法은 투로套路와 격투格鬪에 필요한 체능을 갖추게 해주고, 투로套路와 격투운동格鬪運動은 공법功法의 수준을 나타내 보여 준다.

투로套路는 일정한 격식과 규칙에 따라 여러 개의 개별적인 공방동작을 하나의 틀로 배열 편성하여 진행하는 연습방법이다. 투로套路 연습은 손과 몸을 민활하게 하며 초법招法을 숙달되게 하고, 사용하는 동작을 정련하여 더욱 뛰어나게 한다. 또한 격투格鬪시에는 민첩하게 변하는 소질素質(감각)과 임기응변의 초식招式을 제공한다.

격투格鬪는 두 사람이 일정한 규칙에 따라 서로 비교하며 승부를 겨루는 단련방법이다. 격투 연습은 공방攻防의 의식意識을 높여 주고, 상대의 동작이 함유하고 있는 공방攻防의 의미를 이해토록 하며, 투로套路 연습에서 무예의식武藝意識이 높아지도록 도와 준다.

修鍊法

【동작動作의 규격規格】

◉ 무예武藝의 동작動作 형식은 다양하고, 그 수도 헤아릴 수 없이 많아서 처음 배우는 사람들은 어디에서부터 시작해야 옳은지 알기 어렵다. 무예武藝의 모든 동작 중 제일 간단한 기초동작을 무예武藝의 기본동작基本動作이라 한다. 초학자는 반드시 기본동작부터 배우고 익혀서, 복잡하고 어려운 동작을 할 수 있는 기초로 삼아야 한다.

일반적으로 완성된 한 동작의 무예기법武藝技法은 여러 개의 기본동작이 모여서 구성된다. 예를 들어 우리가 사용하는 문자文字인 한글에서 보면, 모음母音과 자음子音이 결합되어야 하나의 글자가 되는 것과 같은 원리이다. 다시 구체적인 예를 들면, 궁보충권弓步衝拳은 궁전보弓箭步와 충권衝拳, 두 개의 기본동작을 포함하고 이루어진 하나의 동작인 것이다.

이렇게 완성된 하나의 동작을 무예武藝에서는 완정동작完整動作이라 말한다. 완정동작은 내적으로는 일정한 공격과 방어의 의식意識을 포함하고, 외적으로는 인체의 각 부위가 엄격한 순서와 규격에 배합되어 완성된 동작을 말한다.

예를 들면 호두가타護頭架打에서 가架는 상대가 내 머리를 공격해올 때 방어가 되고, 타打는 상대를 반격한다는 의식意識을 포함하여 한 팔은 팔꿈치를 구부려 수평으로 위로 들어올리고, 다른 팔은 곧게 뻗어 충권衝拳으로 치면서, 눈은 치는 손을 바라보아야 한다. 하체下體는 궁전보弓箭步를 이루고, 호흡呼吸을 배합하는 등의 여러 동작이 모여서 하나의 완성된 동작이 되는 것이다. 신체의 각 부위가 개별적으로 움직이는 동작은 완정동작完整動作이라 할 수 없는 것이다.

● 무예武藝의 동작은 그 동작의 규격規格이 정확해야 한다. 동작의 규격規格이란 완성된 하나의 무예동작武藝動作을 할 때, 신체 각 부위가 일정한 시간과 공간에 당연히 따라야 하는 동작의 표준을 말하며 점點·선線·형型의 세 가지 요소를 포함하고 있다.

① 점點──점點은 신체의 어느 한 부위가 움직이기 시작하는 기점起點의 위치와, 동작을 마칠 때의 종점終點의 위치를 말한다. 점點은 반드시 힘을 주는 점點(部位)과 공격하는 점點(部位)이 하나가 되어야 한다.

② 선線──선線은 신체의 어느 한 부위가 움직일 때 이동하는 노선路線을 말한다. 선線은 공방攻防의 방법과, 발發하는 힘이 순조롭게 전해져서 하나가 되어야 한다. 다시 말하면, 손과 발이 움직이는 궤도軌道가 반드시 명확明確하고 합리合理적이어야 하는 것이다.

③ 형型──형型은 움직이는 어느 한 순간 신체 각 부위의 종합적인 모양을 말하며, 지체肢體 각 부위의 〈위치〉와 각 부위들이 향하는 〈방향〉 두 가지의 표준標準이 있다. 형型은 자기를 방어하는 면은 작게 하고, 사방을 지탱하는 힘(勁)을 크게 하는 것이 뚜렷하면서도 이 두 가지가 하나로 되어야 하는 것이다.

● 동작의 자세는 바르고 정확하며 경직되지 않아야 한다. 머리와 발 끝은 연결되어 위와 아래가 서로 따르고, 온몸이 하나가 되어야 하며, 신체는 아래를 향하여 가라앉혀 내려뜨려야 한다.

신체를 가라앉힌다는 뜻은 정신은 가라앉혀 고요해야(靜) 하고, 기氣는 단전丹田으로 가라앉혀 모으고, 각부 관절은 마디마디마다 내려뜨려야 한다는 뜻이다. 예를 들어 상지上肢에서 보면, 어깨를 가라앉히므로 팔꿈치 또한 가라앉게 되고 손목은 안정되는 것이다. 전신全身에서 보면 어깨를 허리로, 허리는 둔부로, 둔부는 무릎으로, 무릎은 발로 통하게 마디마디마다 가라앉히는 것이다. 다시 말하면, 중심을 아래로 낮게 내려 온건하면서도 견고하게 자세를 유지해야 한다는 뜻이다.

동작의 흐름은 면면히 끊어지지 않고 관절은 영활하게 움직여야 한다. 관절이 축軸이 되어 회전하면서 진행하는 동작들은 지체肢體가 얽히는 경우가 많다. 관절의 축軸은 편안하게 안정되어야 정확한 회전궤도를 보존할 수 있는 것이다.

예를 들면 앞차기에서는 무릎 관절이 축軸이 되고, 팔을 돌려칠 때에는 어깨 관절이 축軸이 되어 돌아가는데, 축에 기복이 있어 불안정하면 좌우左右로 흔들리고, 운동궤도가 어지러워지므로 차는 발과 돌려치는 팔이 조화롭지 못하게 된다. 또한 속도에도 영향을 주게 되고, 회전 경력勁力이 모이지 않아 축軸이 발發하는 힘을 초절梢節에 전해 주지 못하게 된다.

축軸이 움직이면 바퀴는 반드시 돌아 움직이게 되므로 허리가 축軸이면 손과 발은 바퀴가 된다. 상지上肢[혹은 下肢]가 움직이면 허리의 움직임을 끌어내고, 하지下肢[혹은 上肢]는 이를 따라서 움직이게 된다. 상하上下가 서로 따르면서 몸이 한 번 움직이면 움직이지 않는 것이 없이 모두 따라서 움직여야 동작의 협조가 완전해지는 것이다.

【정심靜尋·쾌만快慢 수련법】

　무예武藝의 수련은 인체의 능력과 무예武藝의 기능을 높여 주기
위한 것으로 그 방법은 다양하다. 정심靜尋 수련법과 쾌만快慢 수
련법은 전통적인 수련법에 속하는 중요한 수련법이다.

　◉ **정심靜尋 수련법**━ 정심靜尋 수련법은 일정한 신체의 형태를
유지하는 수련법을 말한다. 다시 말하면 자세를 정확히 하고, 정지
한 상태에서 신체 각 부위의 감각을 세심하게 모으는 반복연습을
통해 사용하는 힘의 형태가 정해지도록 하여, 동작이 한 번 멈추면
그 자세가 이루어지게 하는 효과를 얻는 수련법이다.

　다시 설명하면 신체는 정지한 일정한 형태를 유지하고, 내부의
의식意識·기식氣息·경력勁力은 일정한 요구에 따라 흐르게 하여
내외內外를 함께 수련하면서 의意·기氣·경勁·형形을 하나로 모
아 일체감을 느끼게 하므로, 정확한 신체의 모양과 권법拳法의 틀
을 빨리 형성하게 하는 수련법이다.

　예를 들면 참공站功에서는, 의식意識이 신체의 형태를 감지하는
능력을 강화시켜 주고, 정확한 보형步型을 빨리 형성하게 한다. 또
한 의식意識으로 기氣를 단전丹田에 모을 수 있고, 기氣로써 세勢
를 돕게 되며, 기氣로써 힘을 도와 기초가 견실해지게 한다.

　퇴법腿法에서 보면, 의식意識의 주도 아래 내기內氣와 경력勁力
을 원하는 부위로 이끌어 다리(腿)를 통제할 수 있고, 발로 찰 때
신형이 정확해지게 한다.

　수련할 때의 주의할 점은 사람에 따라 수련시간을 조절하고, 자
세는 규격에 따라 정확해야 하며, 내부의 의意·기氣·경勁의 운행

이 명확해야 한다.

● **쾌만快慢 수련법** ─ 쾌만快慢 수련법은 동작의 속도를 평상시 속도보다 빠르거나 느리게 하는 수련법으로, 만반慢盤과 급타急打 두 가지 방법이 있다.

만반慢盤 수련법은 동작의 속도를 느리게 하면서 각 동작이 완성됐을 때 잠깐 멈추는 연습방법으로, 이런 종류의 수련은 동작의 규격과 동작이 포함하고 있는 의미를 깨닫게 해준다.

동작이 천천히 움직일 때에는 내부의 의意·기氣·경경勁의 흐름과 외부의 동작이 움직이는 노선에 주의해야 하고, 동작이 멈추었을 때에는 동작의 규격과 의식意識의 펼침에 주의해야 한다.

이런 모양의 수련은 세심하게 생각하고, 또 생각하여 기법技法의 요결과 공방攻防의 의미를 깨닫게 하는 데 도움이 된다. 또한 신체의 감각을 강화시켜 의意·기氣·경勁·형形이 협조하여 동작을 일치되게 하는 조건반사의 기능을 빨리 이루게 할 뿐 아니라, 하체下體의 지탱하는 힘과 통제능력을 단련시켜 동작이 온건히 안정되게 한다.

대련對練에서의 만반慢盤 수련법은, 두 사람 모두에게 상대의 동작 특점을 깨달아 서로 배합할 수 있게 한다.

무예武藝 수련의 초급단계에서는 만반慢盤 수련법을 비교적 많이 운용해야 한다. 중급과 고급단계에서는 동작이 포함하고 있는 의미를 더욱 깊게 깨닫기 위하여 수련해야 하지만, 한 가지 주의해야 할 점은 만반慢盤 수련법을 장시간 수련하게 되면 동작의 속도를 빨리하지 못하는 불리함이 있게 된다. 그러므로 만반慢盤 수련과 정상속도 수련을 교대로 운용해야 한다.

급타急打 수련법은 평상시의 동작속도보다 더 빠르게 수련하는 방법으로, 이 수련법은 동작의 속도를 매우 신속하고 빠르게 할 뿐 아니라, 쾌快로써 만慢을 제압하는 공격과 방어의 능력을 증강시킨다.

일반적으로 한정된 시간을 정해 놓고 수련을 하거나, 대련對練으로 수련하는 방법을 주로 사용한다.

급타急打 수련법은 당연히 만반慢盤 수련법을 기초로 하여, 만반慢盤 수련법에서 얻은 권가拳架(권법의 틀)의 규격을 유지하여 빠른 동작에서도 초법招法의 틀이 정확히 표현되게 해야 한다. 또한 빠르면서도 혼란스럽지 않고, 질서가 있어야 하며 급하면서도 당황하지 않아야 한다.

【호흡呼吸과 용기用氣】

◉ 자연호흡自然呼吸 —— 자연호흡自然呼吸은 사람의 본능적인 호흡呼吸 방식을 말한다. 초학자는 당연히 이러한 호흡법呼吸法으로 수련을 해야 한다.

수련을 할 때에는 평상시 자기의 습관에 따라 조금도 의意를 두거나 노기努氣를 품지 말고 배우는 동작에 마음을 써야 한다. 그런 후에 정확한 규격동작에 자기가 느낀 자연호흡自然呼吸을 배합해야 한다. 만일 미숙한 동작에다 의식意識적인 호흡呼吸을 배합하게 되면 답답하고 숨이 막히는 등의 현상이 생기고 건강을 해치게 된다.

그러므로 초학자는 자연호흡自然呼吸을 기초로 하여 수련하고, 그후에 호흡呼吸과 권식拳式을 배합해야 호흡呼吸과 권식拳式이 긴밀히 결합하게 되는 것이다.

◉ 복식호흡腹式呼吸 —— 복식호흡腹式呼吸은 의식意識으로 격막膈膜의 승강升降과 복벽腹壁을 기복起伏하게 하는 심호흡深呼吸 방법을 말한다.

복식호흡腹式呼吸에는 순호흡順呼吸과 역호흡逆呼吸 두 가지 방식이 있다. 그 외형外形적인 구별은 순호흡順呼吸은 흡吸할 때 아랫배가 나오고, 역호흡逆呼吸은 흡吸할 때 아랫배가 나오지 않는다.

다시 말하면 순호흡順呼吸은 흡기吸氣할 때 아랫배가 나오고 호기呼氣할 때 복부腹部가 원래의 상태로 되는 것이다. 역호흡逆呼吸은 흡기吸氣할 때 들이마시는 기체가 마치 횡격막橫膈膜까지 도달한 것같이 하여 복부腹部의 모양이 격막膈膜 윗부분은 나오고 아랫부분은 들어간 상태가 된다. 호기呼氣할 때에는 호기呼氣하는 그

반작용의 힘으로 격막膈膜을 아래로 내려 복부腹部의 모양이 격막膈膜 아랫부분은 나오고, 윗부분은 원래의 상태로 되는 것이다.

◉ 용기用氣 ── 기氣의 운용에서 운기運氣는 완만해야 하고, 용기用氣는 급해야 한다. 용기用氣시에는 반드시 흡吸은 긴급하고, 호呼는 기세氣勢가 강성(노여움이 발하듯이)해야 한다. 호呼는 취取하여 가는 것으로 개開와 발發과 배합하고, 흡吸은 접接하여 오는 것으로 합合·축蓄과 배합한다.

다시 말하면 손으로 치거나, 발로 차는 등의 동작은 호기呼氣와 배합하여 발력發力을 돕는 효과를 얻게 되고, 손을 회수回手하거나, 들었던 다리를 내리는 등의 동작은 흡기吸氣와 배합하여 축경蓄勁을 도우면서 동시에 호기呼氣로써 발력發力할 수 있게 준비하는 효과가 있다.

의意로써 호흡呼吸을 조절하여 호흡呼吸에 따라 의식意識을 전개하면, 호흡呼吸과 동작이 서로 배합하여 올바른 움직임이 나온다.

◉ 사초四梢 ── 사초四梢는 혈초血梢·육초肉梢·골초骨梢·근초筋梢를 말한다. 머리카락은 혈초血梢가 되고, 이빨은 골초骨梢가 되며, 혀는 육초肉梢가 되고, 손톱은 근초筋梢가 된다.

옛글에 말하기를 『사초四梢를 밝혀 전력을 다 발휘하도록 하라. 사초四梢가 가지런하면 내경內勁이 나온다』라고 하였다. 사초四梢를 가지런히 하는 것은 사초四梢에서 균등하게 힘을 낸다는 것이다.

다시 말하면, 의식意識은 사초四梢에서 용경用勁을 생각하며 사용하는 신체 각 부위에서 응답하도록 하면, 대뇌大腦에서 동작의 진행을 조절하므로 힘을 균등하게 할 수 있는 것이다.

즉 머리는 반드시 정수리 위를 의식意識하여 마치 머리카락이 모자를 뚫으려는 듯이 하게 되면 머리를 굽히고 허리를 내미는 병폐를 피할 수 있다. 또한 손톱은 의식意識적으로 경력勁力을 손톱으로 통하게 하고, 기혈氣血을 손 끝까지 충만하도록 하여 손톱이 뼈를 뚫듯이 굳센 힘을 발휘하도록 해야 한다. 이빨은 쇠를 자르듯이 꼭 다물어 모아야 하고, 혀는 이빨을 부러뜨리듯이 밀치며 받쳐 주어 혀 위의 잇몸이 타액의 분비와 전신의 역량을 집중하는 데 이롭게 해야 한다.

옛사람이 사초四梢를 중히 여기는 것은, 용기用氣시 의식意識으로 기혈氣血을 인도하여 이들 부위에 도달하면 정신을 한 군데 집중하여, 신체 각 계통으로 하여금 더욱 큰 역량을 발출해내도록 하는 데 있었던 것이다.

修錬法

【第六章】

基本功法

基本功法

【연법鍊法 순서】

권법拳法에서 기본공의 숙지는 반드시 필수적인 것이다. 기본공의 수련을 중시하고 아울러 각 단계를 이어나가면서 수련을 해야만 기초가 착실해지고, 더욱 진보가 있게 된다. 그러므로 처음 배울 때는 하나하나의 초세招勢마다 정확히 하도록 해야 한다.

즉 수형手型·수법手法·보형步型·보법步法·신법身法·퇴법腿法·심법心法·안법眼法에 대한 개념이 정확해야 하고, 자세는 규격의 요구에 부합해야 한다.

그러나 많이 그리고 빨리 하려는 마음이 생기면, 깊이 있는 이해를 하지 않고 동작과 투로套路를 많이 배우는 것에 만족하므로써 규격 요령을 소홀히 하여 잘못된 정형定型을 형성하게 된다.

권법拳法을 배우는 것은 쉬우나 고치는 것은 어려우니, 권법拳法을 배울 때는 반드시 요구에 엄격히 따라야 하고 순서대로 나아가며 기초를 다지고 대응 원칙을 구별해야 한다. 일반적으로 말해서 정확함을 먼저 추구한 연후에 진도를 나가는 것이 옳은 것이다.

뛰어난 예藝를 익히려면 고苦와 항恒으로써 오랜 세월을 하루와 같이 고련苦練해야 한다.

◉ 제1단계 ─ 먼저 전신의 근골혈맥筋骨血脈을 활동하기 편하게 움직인 후 보형步型을 수련한다. 궁보弓步·마보馬步·허보虛步·독립보獨立步·부보仆步·일좌보一坐步·좌반보坐盤步를 수법手法과 함께 익히면서 좌우左右를 모두 수련해야 한다.

◉ 제2단계 ─ 위의 동작을 계속 익히면서 기본 퇴법腿法을 수련

한다. 앞차기(彈腿)・등퇴(蹬腿)・옆차기(側踹腿)・돌려차기(橫旋腿)・발올리기(踢腿)를 기본 퇴법腿法이라 한다.

◉ 제3단계──단권單拳을 수련한다. 매일 기본공을 익히면서 단권單拳 일로一路부터 팔로八路까지 순서대로 좌우를 계속 연결하며 동작을 익힌다. 팔로八路까지 완전히 익힌 후에는 연환퇴법連環腿法을 수련해야 한다.

◉ 제4단계──권법拳法 투로套路를 수련한다.

【수련修鍊시의 유의점】

◉ 권拳을 배우기는 쉬워도 권拳을 고치기는 어렵다. 처음 권拳을 배울 때 엄격하지 않아서 깊이 이해하지 못하고 모든 부분을 자세히 밝히지 않거나, 규격을 따르지 않고 요령을 피워 틀린 동작을 반복해 나가게 되면 잘못된 동작이 습관적인 동작으로 굳어지게 된다. 나중에 이런 잘못된 틀을 파破하고 정확한 동작을 구사하기는 아주 어렵다.

그러므로 권법拳法을 배울 때는 엄격하게 정확한 동작의 규격을 따라 한 걸음 한 걸음씩 정확한 자세를 취해야 한다. 하나의 식式이 숙달된 연후에 다시 다음 식式을 배워 나가면서 힘써 잘못됨을 피해야 한다. 많이만 배우려고 한다면 아무것도 정순하게 익힐 수가 없다. 기예技藝의 묘는 많은 데에 있지 않고 숙련됨에 있는 것이다.

◉ 연공시의 정신과 운동 강도의 안배는 자연스러워야 하며, 긴장하지도 산만하지도 않을 때 수련해야 한다. 긴장하거나 산만한 것은 모두 공부功夫를 익히기에 적합하지 않으니 주의해야 한다.

연공시 정신에 대한 예를 들면, 신경이 긴장되면 반응이 느리고 응답이 정확하지 않으며 근육이 굳어져 변화가 영활하지 못하게 된다. 정신이 산만하면 근육이 무력하고 동작과 권식拳式이 느슨해지게 된다. 그러므로 연권練拳시에는 정신을 자연스레 일으켜 긴장하지도 태만하지도 않아야 한다.

훈련의 강도에 대한 안배로는, 훈련 횟수가 과다하고 매번 연습량이 지나치게 많으면서 조급하게 이루려고 하면 운동으로 신체의 손상이나 과도한 피로를 불러오게 된다. 그러므로 〈서두르면 이루지 못하게 된다〉고 하였다. 반대로 훈련을 오래 쉬거나 운동량이 적으면 신체의 자극이 미약하여 단련의 효과를 보지 못하게 된다. 꾸준하게 훈련하고 과학적으로 운동량을 안배해야 비로소 점차 단련 효과가 누적되어 공부功夫를 익히게 되는 것이다.

● 권拳이란 권기拳技·초법招法·투로套路를 가리킨다. 권拳을 익히는 것은 무예의 공방攻防에 관한 동작을 배우고 익혀서 무예의 기능인 기예技藝를 향상시키는 것이다. 공功은 무예의 공법功法과 공력功力을 가리킨다. 연공練功은 무예에 필요한 체력인 공력功力을 높이는 것이다.

만일 권拳만 익히고 연공練功을 하지 않으면 비록 권로拳路·초법招法을 기억한다 하더라도 참공站功이 결핍되어 하반下盤이 안정되지 않게 되며, 유공柔功이 결핍되어 뻗어 나가지 못하고, 경공硬功이 결핍되어 공격에 위력이 없게 된다.

그러므로 연무자는 권기拳技·초법招法·투로套路를 익히면서 또한 권기拳技를 익히는 데 필수적인 기본공과 보조공을 익혀야 비로소 기능과 체능을 모두 발전시킬 수 있게 된다.

● 수련시 머리를 숙이고 허리를 앞으로 구부리면 안 된다. 머리를 숙이면 눈은 뜨지 않은 것과 같고 몸이 앞으로 넘어지기 쉽다. 이런 자세는 중추中樞가 융통성이 없어 모든 손과 발의 움직임이 원활하지 못하게 된다.

또한 머리를 숙이면 반드시 가슴이 움츠러들게 되고, 허리를 앞으로 구부리면 등이 굽어지게 되어 상체를 통솔하는 힘을 잃게 될 뿐 아니라 호흡呼吸의 원활한 소통을 막게 된다. 이런 자세가 오래 되면 신체의 미美와 심폐心肺 기능에도 영향을 미치게 된다.

◉ 압퇴壓腿와 류퇴遛腿는 모두 퇴공腿功 연습의 기본적인 방법으로 하나라도 빠질 수가 없다.

압壓은 압퇴壓腿(다리누르기)·벽퇴劈腿(다리벌리기) 등 퇴부腿部의 유공정압법柔功靜壓法으로 근육의 신전성伸展性을 향상시키고 관절의 활동폭을 크게 해준다. 류遛는 파퇴擺腿·척퇴踢腿 등 퇴부腿部의 유공동전법柔功動轉法으로 근육이 신속하게 수축하는 역량과 서축舒縮이 빠르게 교체되는 영활성을 향상시켜 준다.

단지 압壓만 있고 류遛는 없으면 다리가 연하고 무력하니 중용中用이 되지 않는다. 류遛만 있고 압壓이 없으면 다리가 무겁고 영활하지 않아서 둔하게 된다. 만일 권법을 익히는 사람이 압壓과 류遛를 연습하지 않으면 하지下肢의 움직이는 폭이 향상되지 않아서 행권行拳과 공방攻防 격투시에 하체가 영활하지 않고, 다리를 들거나 걸음을 옮길 때 자연스럽지 못해 지탱하는 발이 안정되지 않으며 심지어는 세勢를 잃거나 넘어지게 된다.

그러므로 신전성伸展性을 발전시키는 데 중점을 둔 압퇴壓腿와 탄성에 중점을 둔 류퇴遛腿를 함께 연습해야 폭이 크고 속도가 빠르며 힘이 강한 고도의 다리 기술을 얻을 수 있다.

◉ 인체에서 근筋은 관절의 인대와 힘줄을 가리키며, 여기서 파생되어 근육이 된다. 근筋을 단련한다(筋長)는 것은 인대·힘줄·근육의 신전성伸展性을 증가시킨다는 뜻이다. 이것은 관절의 활동력을 증가시켜 인체의 유연성을 향상시키고 수축력을 증강한다.

육肉은 강하게 굳어져 신전성伸展性이 결핍된 살을 말한다. 육肉을 두껍게 단련(肉厚)하면 관절활동을 방해하여 동작을 둔하게 한다.

근장筋長은 유공柔功 연습을 통해 얻어지고, 육후肉厚는 무거운 물건을 들어올리는 연습을 통해 얻어진다. 그러므로 근장筋長은 단련해도 육후肉厚는 단련하지 않으니 모름지기 유공柔功 연습을 강화해야 하며, 력力을 기르는 공법 연습은 동動과 정靜의 결합에 주의하여 근육筋肉의 탄력성을 증강해야 한다.

【행권行拳의 주의점】

　권술拳術을 익히는 것은 신체의 발달을 위한 법법法法을 얻기 위함인데, 그 방법이 부당하면 무익無益할 뿐만 아니라 오히려 병폐가 되어 신체身體를 상하게 되므로 주의해야 한다.

◉ 활동活動
　행권行拳시에는 먼저 사지四肢를 신축伸縮하여 전신의 근골혈맥筋骨血脈을 활동하기 편하게 움직이고, 아울러 수 차례의 심호흡을 통하여 폐를 원활히 해야 한다. 화가 나거나 감정이 격할 때는 반드시 행권行拳을 삼가해야 한다.

◉ 좌와坐臥
　무릇 행권行拳 후에는 절대 앉거나 누우면 안 된다. 운동을 한 후에는 모든 맥맥脈이 진동하고 숨이 급해지므로, 이때 갑자기 정지하게 되면 혈기가 고르지 않게 되어 기氣가 급해지고, 머리가 어지러워지기 쉽다. 이는 양신養身의 도道에 크게 위배되므로 양기養氣를 잘하려면 이에 주의해야 한다.

◉ 음식飲食과 동정動靜
　행권行拳 후에 바로 식사를 하는 것은 좋지 않으니 마땅히 혈기血氣가 안정된 후에 해야 한다.

◉ 규응叫應
　행권行拳시에는 심心·안안眼·수手·신신身·보步가 서로 긴밀하게 응해야 한다. 이렇게 해야만 비로소 실용實用의 공功이 된다.

　예를 들면, 발로 찰 때에는 손이 그에 응하고, 손이 나아가면 눈이 그를 주시하며, 마음은 항상 유동流動하면서 응수하고, 몸을 두루 살펴 하나에만 주의하지 않도록 해야 한다.

【수형手型과 용법用法】

◉ 수형手型

1) 권拳

권형拳型은 사지四指를 나란히 모아 장심掌心을 향해 말아쥐고, 엄지(拇指)는 식지食指와 중지中指의 두번째 마디를 누르며 권면拳面은 평평해야 한다. 권拳을 움켜쥠은 견고하면서 가지런하게 힘이 들어가야 한다.

- 권면拳面 ─ 엄지(拇指)를 제외한 사지四指의 평평한 부분.
- 권안拳眼 ─ 식지食指와 호구虎口의 둥근 부분.
- 권배拳背 ─ 손등.
- 권심拳心 ─ 손바닥.
- 권륜拳輪 ─ 소지小指에서 손목 관절까지의 둥근 부분.

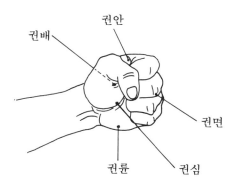

2) 장掌

장형掌型은 크게 입장立掌과 측장側掌으로 구별한다.

입장立掌

장심掌心은 앞을 향하고, 장지掌指는 위를 향하며, 절장切掌과 산장散掌 두 가지가 있다. 절장切掌은 오지五指를 자연스럽게 펴서 엄지(拇指)와 소지小指로 가볍게 안을 감싸고, 장심掌心은 약간 오목하다. 산장散掌은 오지五指를 자연스럽게 펴서 벌리고, 장심掌心은 약간 오목하다.

측장側掌

장심掌心은 옆을 향하고, 장지掌指는 앞을 향한다.

- 장심掌心 — 손바닥.
- 장근掌根 — 손바닥 아래의 손목 관절 부분.
- 장배掌背 — 손등.
- 장지掌指 — 손가락.
- 장외연掌外沿 — 소지小指에서 손목 관절까지의 부분.

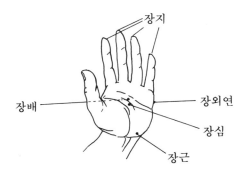

3) 구수鉤手

구형鉤型은 엄지(拇指)와 식지食指 그리고 중지中指는 모으고, 오지五指를 자연스럽게 말아 팔뚝을 향해 손목을 굽혀 당긴다.

- 구정鉤頂─구부린 손목 관절의 둥근 부분.
- 구첨鉤尖─손가락 끝부분.

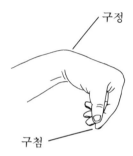

구정

구첨

〔참고〕 좌권左拳 ─ 왼주먹

우권右拳 ─ 오른주먹

좌장左掌 ─ 왼손 장掌

우장右掌 ─ 오른손 장掌

양권兩拳 ─ 좌우 주먹

양장兩掌 ─ 좌우 장掌

◉ 용법用法

1) 권拳

충권衝拳
● 전충권前衝拳—허리에서[권심은 위를 향한다] 앞을 향해 팔을 돌리면서 찔러친다. 권심은 아래를 향하고, 힘은 권면拳面에 주면서, 빠르고 활발해야 한다.
　● 측충권側衝拳—동작은 전충권과 같으나 옆을 향해 찔러친다.
　● 상충권上衝拳—동작은 전충권과 같으나 위를 향해 찔러친다.

붕권崩拳
붕권崩拳은 짧은 거리에서 손목을 통해 순간적으로 뻗어치는 수법手法이다.
　● 입붕立崩—아래에서부터 앞을 향해 굽혔던 팔을 펴면서 손등으로 뻗어친다. 팔꿈치는 가볍게 굽히고, 권면拳面은 위를 향하며 권심拳心은 안을 향한다.
　● 직붕直崩—아래에서부터 앞을 향해 굽혔던 팔을 펴면서 권면拳面으로 뻗어친다. 팔꿈치는 가볍게 굽히고, 권심拳心은 비스듬히 위를 향한다.

횡권橫拳
횡권橫拳은 앞이나 옆, 또는 뒤를 향해 팔꿈치를 약간 굽혀 수평으로 휘둘러친다.[또는 비스듬히] 팔뚝과 권拳의 모든 부분을 사용할 수 있으며, 사용하는 방식에 따라 힘주는 곳이 다르다.[예—팔뚝

과 권륜拳輪, 팔뚝과 권배拳背]

밖을 향해 치면 외횡권外橫拳이고, 안을 향해 치면 내횡권內橫拳이다.

벽권劈拳

벽권劈拳은 위에서 아래를 향해 쪼개친다. 팔꿈치는 약간 굽히고, 권륜은 아래를 향하며, 권륜拳輪과 팔뚝에 힘을 준다. 앞을 내리치면 전벽前劈이고, 측면을 내리치면 측벽側劈이며, 팔을 크게 돌려 원을 그리며 내리치면 논벽掄劈이다.

재권栽拳

재권栽拳은 위에서 아래로, 또는 위에서 앞을 향해 찔러친다. 팔은 펴고, 권면拳面이 아래를 향하며, 힘은 권면拳面에 준다.

좌충권挫衝拳

좌충권挫衝拳은 아래에서 앞을 향해 팔꿈치를 굽혀 올려친다. 권심은 안을 향하고, 권면拳面에 힘을 준다.

권추圈捶

권추圈捶는 앞을 향해 밖에서 안으로 둥글게 감아친다.[권심拳心은 아래를 향하고, 팔꿈치는 약간 굽힌다.] 권안拳眼을 손목으로 당기고, 팔뚝과 권면拳面에 힘을 준다.

칠성수七星手

칠성수七星手는 권拳, 혹은 장掌이다. 한 손은 팔꿈치를 가볍게 굽혀서 앞으로 내밀고, 한 손은 팔꿈치를 굽혀 가슴 앞에서 앞손 팔꿈치 옆을 따른다.

돌리며 밀고 돌리며 나간다. 편신진보偏身進步로써 공격과 수비를 아울러 겸한 수법手法이다.

2) 장掌

추장推掌

추장推掌은 앞을 향해 팔을 돌리면서 밀어친다. 장지掌指는 위를 향하고, 장근掌根과 장외연掌外沿에 힘을 주며 빠르고 영활해야 한다.

벽장劈掌

벽장劈掌은 측장側掌으로 위에서 아래를 향해 내리친다. 팔꿈치는 약간 굽히고, 장외연掌外沿에 힘을 준다. 앞으로 내리치면 전벽前劈이고, 측면을 내리치면 측벽側劈이며, 팔을 크게 돌려 원을 그리며 내리치면 논벽掄劈이다.

천장穿掌

천장穿掌은 굽힌 팔을 펴면서 장지掌指로 찌른다.〔장지에 힘을 준다.〕앞을 향해 찌르면 전천前穿이고, 옆을 향해 찌르면 측천側穿이며, 위를 향해 찌르면 상천上穿이다.

삽장揷掌

삽장揷掌은 굽힌 팔을 펴면서 아래를〔또는 비스듬히 아래로〕향해 찌른다. 장지에 힘을 준다.

횡장橫掌

횡장橫掌은 앞이나 옆을 향해 밀어치거나 돌려친다. 장외연掌外沿에 힘을 준다.

안장按掌

안장按掌은 앞이나 아래를 향해 장심掌心으로 누른다. 장심掌心에 힘을 준다.

탁장托掌

탁장托掌은 아래에서 위를 향하여 들어올린다. 장심은 위를 향하고 장지掌指는 앞을 향하며, 장심掌心에 힘을 준다.

반장反掌

반장反掌은 앞이나 옆을 향하여 장배掌背로 돌려친다. 장배掌背에 힘을 준다.

당장撞掌

당장撞掌은 장심은 앞을 향하고, 장지는 옆을 향하도록 하여 장근掌根에 힘을 주고 앞을 향해 밀어친다.

액장掖掌

액장掖掌은 장근掌根에 힘을 주고, 장지는 아래를 향하도록 하여 앞과 뒤 또는 옆을 향하여 장심으로 친다.

3) 주肘

반주盤肘

반주盤肘는 팔꿈치를 굽히고, 손과 팔을 나란히 들어올려 수평이
되게 하며 밖에서 안을 향해 팔뚝으로 돌려친다. 권심은 아래를 향
한다.

압주壓肘

압주壓肘는 팔꿈치를 굽혀 위에서 아래를 향해 눌러친다. 팔꿈치
는 아래를 향하고 권은 위를 향하며, 팔꿈치에 힘을 준다.

정주頂肘

● 전정前頂—주먹을 쥐고 팔꿈치를 굽혀 팔꿈치 끝으로 앞을 향
해 밀어친다. 권심은 아래를 향하고, 팔꿈치에 힘을 준다.

● 측정側頂—동작은 전정과 같으나 권심이 안을 향하고, 옆을
향해 밀어친다.

● 후정後頂—동작은 전정과 같으나 권심은 위를 향하고, 뒤를
향해 밀어친다.

입주立肘

입주立肘는 팔꿈치를 굽혀 아래에서 위로 올려친다. 권안拳眼은
아래를 향하고, 권륜拳輪은 위를 향하면서 팔꿈치에 힘을 준다.

【보형步型】

보형步型은 양다리가 일정한 규격에 따라 형성된 모양을 말하며, 보법步法이 동動적인 상태라면 보형步型은 정靜적인 틀이 된다.

옛글에 『손은 두 개의 문짝(門)이고, 모두 다리(脚)에 의지해서 친다』라고 했다. 이 말은 권술拳術의 한 방법을 말한 것으로 상지上肢의 공부功夫로써 상대와 교수交手하여 최후의 승리를 얻게 되더라도, 이것은 결국 다리와 발에 의해 이기게 된 것이라는 뜻이다. 이렇듯 무예武藝는 우선 보步를 중요시하므로 권拳을 처음 수련할 때에는 반드시 먼저 보형步型을 연습해야 한다.

보형步型의 자세는 각 부위가 일정한 규격에 부합되어야 한다. 머리는 위로 세우는 힘이 있어야 하고, 동작 중 뒤로 젖히거나, 앞으로 숙이거나, 좌우左右로 기울어지면 안 된다.

보형步型과 보법步法이 안정된 후에 권拳을 연습하면 큰 성과를 얻게 되나, 이에 이르지 못하면 위는 무겁고 아래는 가벼우니 발꿈치에 힘이 없게 되고, 앞만 보고 뒤는 보지 못하는 폐단이 있게 된다.

그러므로 권술拳術의 입문入門은 보형步型으로써 첫계단을 내디며야 한다.

〔참고〕 보형步型을 수련할 때 손의 동작은 다양하게 수련할 수 있으나, 반드시 수법手法의 규격에 부합되어야 한다.

● 가식架式

가식架式은 보형步型의 기본 보폭을 만드는 방식을 말한다. 앞발은 발 끝이 앞을 향하게 하여 무릎을 굽히고, 뒷발은 무릎을 굽혀 앞발 뒤꿈치에 붙이며 발등은 지면에 닿게 곧게 편다. 앞발 끝과 뒷발 끝의 간격이 궁전보弓箭步·기마보騎馬步·부퇴보仆腿步의 보폭이 된다.

● 궁전보弓箭步

좌우左右 양발을 앞뒤로 벌려 앞발 끝을 반드시 안을 향해 구부리고, 무릎은 지면과 수직이 되도록 굽힌다. 뒷발은 무릎을 곧게 펴며 발 끝은 앞을 향하고 발뒤꿈치는 지면에 반드시 붙인다. 몸은 바로 하고 허리는 곧게 세운다. 마치 활시위를 당긴 것과 같이 앞발은

상체가 기울어지지 않게 지탱하고, 뒷발은 힘을 발출할 수 있도록
착실하게 지면을 밟아야 한다.

　궁전보弓箭步는 척추와 골반을 바르게 해준다. 왼발이 앞에 있으
면 좌궁보左弓步라 하고, 오른발이 앞에 있으면 우궁보右弓步라 한다.

◉ 기마보騎馬步

　양발을 좌우左右로 벌리고, 무릎을 굽혀 반쯤 쪼그려 앉는 자세
이다. 몸은 바로 하고 허리는 곧게 세우면서 양발은 발 끝을 안으로
구부려 팔자八字 혹은 일자一字를 만든다.

　보법步法을 수련할 때 마보馬步를 기초로 하는 때가 많다. 마보
馬步는 중심을 아래로 가라앉힐 수 있어 다리의 힘을 늘릴 수 있고,
혈기血氣가 위로 뜨거나 호흡呼吸이 급하고 짧은 폐단을 막을 수
있기 때문이다.

● 허보虛步

허보虛步의 자세는, 앞발은 무릎을 약간 굽히고 발뒤꿈치를 들어 발 끝으로만 지면을 가볍게 딛는다. 뒷발은 발 끝을 비스듬히 밖으로 벌리고 무릎을 굽혀 걸터앉으면서 발꿈치는 확실하게 지면을 받쳐 주며 반쯤 쪼그려앉는 자세이다. 몸은 바로 하고 허리는 곧게 세워야 한다.

왼발이 앞에 있으면 좌허보左虛步라 하고, 오른발이 앞에 있으면 우허보右虛步라 한다. 허보虛步는 즉 활보活步다. 몸의 회전과 진퇴에 있어서 편리함을 취할 수 있는 보법步法이다.

◉ 독립보獨立步

독립보獨立步는 한 발은 발 끝이 앞을 향하도록 하여 무릎을 곧게 펴서 땅을 딛고, 다른 한 발은 대퇴부가 수평이 되도록 무릎을 굽혀 들어올리면서 발등이 수직이 되도록 하여 지탱하는 다리 옆에 가까이 붙인다.

왼발로 지탱하면 좌독립보左獨立步라 하고, 오른발로 지탱하면 우독립보右獨立步라 한다. 독립보獨立步는 정精을 길러 주며 동작의 완급緩急을 조절하고 중심을 안정되게 한다.

● 부퇴보仆腿步

부퇴보仆腿步는, 한 발은 옆으로 비껴서 무릎을 곧게 펴고, 다른 발은 무릎을 굽혀 걸터앉으면서, 양발 끝은 서로 가지런히 평행을 이룬다.

왼발을 곧게 펴면 좌부보左仆步라 하고, 오른발을 곧게 펴면 우부보右仆步라 한다. 오랫동안 수련하면 보步가 안정되고 기氣가 가라앉게 되어 신요身腰가 영활해진다.

◉ 일좌보一坐步

일좌보一坐步는 앞발은 발 끝을 안으로 구부리고, 무릎은 지면과 수직이 되도록 굽힌다. 뒷발은 발뒤꿈치를 지면에서 45도 들고, 발 바닥 끝으로 땅을 디디면서 무릎을 굽혀 쪼그려앉는다.

왼발이 앞에 있으면 좌일좌보左一坐步라 하고, 오른발이 앞에 있으면 우일좌보右一坐步라 한다.

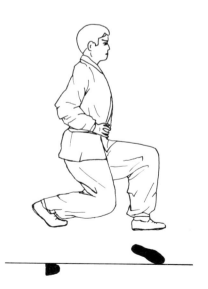

◉ 좌반보坐盤步

좌반보坐盤步는 양다리를 좌우로 교차하고, 앞발은 발 끝을 밖으로 향해 벌리면서 무릎을 굽혀 앉는다.

뒷발은 발뒤꿈치를 들고 발바닥 끝으로 땅을 디디면서, 무릎을 굽혀 쪼그려앉으며 앞무릎 아래에 위치한다. 몸은 바로 하고 허리는 곧게 세운다.

【퇴법腿法】

퇴법腿法은 다리와 발 전부를 가리키는 것이며, 허벅지·무릎·발등·발가락·발바닥·발뒤꿈치를 모두 포함한다.

다리(腿)는 무릎을 향해 올리고, 무릎은 가슴을 향해 올린다. 발(脚)은 치고, 무릎은 나누어(分) 나간다.

퇴법腿法은 수법手法과 같이 가볍고 날카로우며 온건하고 빠름을 취하며, 절대 융통성이 없거나 정체되어서는 안 된다. 옛글에 『절대로 침체된 기(滯氣)를 연습하지 말라. 그리하면 패망에 빠진다. 소위 체기滯氣로는 칠 수 없다』하였다.

퇴법腿法을 수련할 때는 반드시 무릎을 안정되게 펴면서, 무릎이 충격을 받지 않게 해야 한다.

수법手法과 퇴법腿法은 운용의 도리에 있어 서로 같은 것이 있다. 발(足)의 쓰임이 훌륭하면 용력勇力은 손(手)과 더불어 비할 수 있다.

◉ 앞차기(彈腿)

앞발은 무릎을 자연스럽게 약간 구부려 땅을 딛고, 뒷발은 무릎을 굽혔다 펴면서 앞을 향해 찬다. 이때 무릎은 곧게 펴고 발등(脚面)은 평평하며 높이는 허리 아래이다.

활달하고 힘이 있어야 하며 발 끝(脚尖)에 힘을 주고, 발바닥(脚掌)은 아래를 향한다.

◉ 등퇴蹬腿

회심퇴懷心腿라고도 부르며, 한 발은 무릎을 자연스럽게 약간 구

基本功法

부려 땅을 딛고, 한 발은 무릎을 굽혔다 펴면서 앞을 향해 활달하게 찬다. 이때 무릎은 곧게 펴고, 높이는 허리 아래이다.

발바닥(脚掌)이 앞을 향하고 발꿈치(脚跟)에 힘을 주며, 발끝(脚尖)은 갈고리처럼 세워서 밖으로 약간 누인다. 또한 발바닥을 비스듬히 위로 향하게 하여 가슴 높이로 차는 법法은 상대방이 쉽게 막지 못하나, 그 연법練法이 쉽지 않다.

◉ 옆차기(側踹腿)

한 발은 자연스럽게 땅을 딛고, 다른 발은 옆을 향해 발뒤꿈치(脚跟)에 힘을 주고 발바닥(脚掌)으로 찬다. 발끝(脚尖)은 갈고리처럼 세워 옆을 향해 누이고, 무릎은 곧게 펴며 허리 높이이다.

◉ 돌려차기(橫旋腿)

한 발은 자연스럽게 땅을 딛고, 다른 발은 앞을 향해 밖에서 안으로 발등(脚面)을 [평평히 하여] 옆으로 뉘어 돌려찬다. 무릎은 곧게 펴고, 허리 높이이다.

◉ 발올리기(踢腿)

한 발은 땅을 딛고, 다른 발은 앞을 향해 무릎은 곧게 펴고, 발 끝(脚尖)은 갈고리처럼 세워서 위로 차올린다.

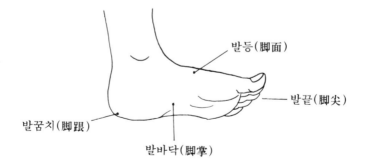

〔참고〕

발등(脚面)

발끝(脚尖)

발꿈치(脚跟)

발바닥(脚掌)

◉ 내파각 內擺脚

한 발은 땅을 딛고 한 발은 높이 들어 앞을 향해 밖에서 안으로 부챗살처럼 돌려차면서 발바닥 안쪽으로 반대편 손바닥과 마주친다. 발 끝은 갈고리처럼 세워 위를 향한다.

◉ 외파각 外擺脚

한 발은 땅을 딛고 한 발은 앞을 향해 높이 들어 안에서 밖으로 부챗살처럼 돌려찬다. 동시에 두 손을 앞으로 내밀어 차올린 발의 발등 바깥쪽과 마주친다. 발 끝은 갈고리처럼 세워 위를 향한다.

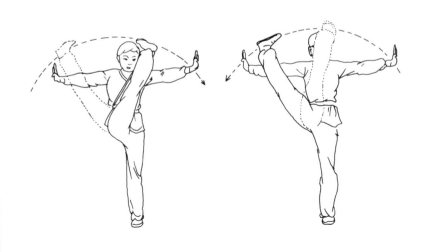

◉ 전소퇴前掃腿

한 발은 무릎을 굽혀 완전히 걸터앉아 축으로 삼고, 양손은 땅을 짚는다.

다른 발은 무릎을 곧게 펴고, 발바닥을 땅에 붙여 앞으로 원을 그리며 한 바퀴 쓸어돌린다.

◉ 후소퇴後掃腿

한 발은 무릎을 굽혀 완전히 걸터앉아 축으로 삼고, 양손은 땅을 짚는다. 다른 발은 무릎을 곧게 펴서 뒤로 원을 그리며 한 바퀴 쓸어돌린다.

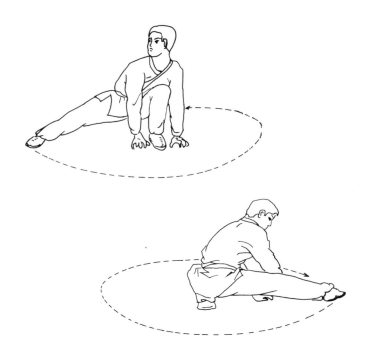

◉ 이기각二起脚

　두 발로 뛰어오르면서 전신이 공중에 떠 있을 때 한 발을 들어 앞을 향해 차고, 동시에 같은 쪽 손을[또는 양손을] 내밀어 차올린 발의 발등과 마주친다.

◉ 선풍각旋風脚

　두 발로 뛰어올라 360도 돌면서, 한 발을 들어[좌측으로 돌면 오른발, 우측으로 돌면 왼발] 반대쪽을 향해 돌려찬다. 온몸이 공중에 떠 있을 때 다른쪽 손을 내밀어 돌려찬 발의 발바닥 안쪽과 마주친다.

【연환퇴법連環腿法】

이 법法은 공격기술상 연환連環으로 공격하는 퇴법腿法이다. 발로 찰 때 연이어 끊이지 않고 차는 연척連踢을 많이 사용하므로 권법拳法 중의 중요한 용법이다.

연환퇴법連環腿法에는 기본 퇴법 외에도 여러 가지 퇴법이 사용되는데 매우 다양하고 변화가 많다. 그 중 중요한 퇴법과 간단한 초식을 간추려 실었다.

◉ 제 1 식

① 탄척彈踢

왼발을 들어 앞을 향해 올려차는 동시에 오른손을 앞으로 내밀어 왼발 발등과 마주친다. 왼손은 권심拳心이 위를 향하게 하여 허리에 바르게 댄다.

② 외파각外擺脚

왼발을 오른발 일 보 앞에 내리면서 오른발 발 끝을 갈고리처럼 세워 앞을 향해 좌측에서 우측으로 부챗살처럼 돌려찬다. 동시에 두 손을 앞으로 내밀어 오른발 발등 바깥쪽과 마주친다.

③ 돌려차기(橫旋腿)

위 동작에 이어서 오른발을 왼발 일 보 뒤에 내리고, 몸을 우측으로 180도 돌리면서 왼발을 들어 돌려차기로 찬다. 동시에 양손은 좌측 옆으로 쓸어간다.

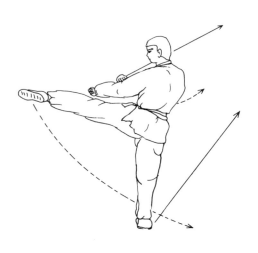

[4] 옆차기(側踹腿)

연이어 왼발을 오른발 우측 옆으로 내려디디면서[오른발 앞으로
지나간다.] 오른발을 들어 우측을 향해 옆차기로 찬다. 동시에 오른
손은 팔꿈치를 굽혀 우측 위로 들어올리고 왼손은 오른편 가슴 앞
에 둔다.

이어서 오른발을 우측 일 보 옆으로 내려디디면서 몸을 우측으로
90도 돌려 우궁보右弓步를 만든다. 동시에 오른손을 허리로 거두어
들이고, 왼손을 앞을 향해 아래로 누르면서 오른손으로 앞을 향해
찔러친다. 권심拳心은 좌측을 향한다.

● 제 2 식

1 앞차기(彈腿)

오른발을 들어 앞을 향해 앞차기로 차는 동시에 양손은 변화하여 오른손을 앞에 놓고, 칠성수七星手를 취한다.

2 이기각二起脚

오른발을 일 보 앞으로 내리면서 왼발로 뛰어오르고, 연이어 오른발을 들어 앞을 향해 위로 올려찬다. 온몸이 공중에 떠 있을 때, 오른손을 앞으로 내밀어 장掌으로 오른발 발등을 마주친다.

3 선풍각旋風脚

위 동작에 이어서 오른발을 왼발 앞에 내려디디면서, 다시 신속하게 두 발로 뛰어올라 몸을 왼쪽으로 360도 돌리면서 오른발은 왼

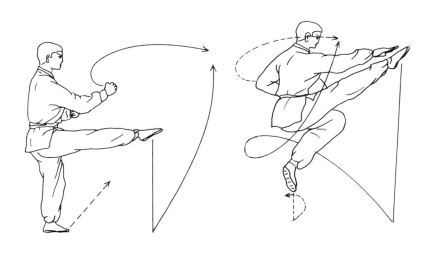

쪽을 향해 휘돌려찬다. 온몸이 공중에 떠 있을 때 왼손은 오른쪽으로 내밀어 오른발바닥 안쪽과 마주치고 눈은 오른발을 본다.

　연이어 두 발을 땅에 내려디디고, 두 무릎을 굽혀 마보馬步를 만든다.

　동시에 두 손은 가슴 앞에서 양쪽을 향해 정립장正立掌으로 밀어친다. 장심掌心은 밖을 향하고, 눈은 전방을 본다.

● 제 3 식

① 탄척彈踢

오른발을 들어 앞을 향해 올려차는 동시에 오른손을 앞으로 내밀어 오른발 발등과 마주친다.

② 선풍각旋風脚

위 동작에 이어서 오른발을 앞으로 내려디디고, 계속해서 몸을 좌측으로 180도 돌리는 동시에 왼발이 먼저 뛰어오르면서 오른발을 들어 좌측으로 휘둘러찬다.

온몸이 공중에 떠 있을 때, 왼손을 내밀어 오른발 발바닥 안쪽과 마주친다. 눈은 오른발을 본다.

③ 비파연飛擺蓮

오른발을 왼발 반 보 앞에 내려디디고, 몸을 좌측으로 180도 돌리면서 왼발을 들어 뒤를 향해 무릎을 구부려 뒤로 찬다. 동시에 오른손은 뒤를 향해 내밀어 왼발 발바닥 안쪽과 마주친다.

연이어 왼발을 땅에 내리지 말고, 오른발을 축으로 삼아 몸을 우측으로 180도 돌리면서 왼발은 무릎을 구부려 몸을 따라 돌아가며 좌측을 향해 찬다. 동시에 왼손을 내밀어 왼발 발등 바깥쪽과 마주친다.

④ 이기각二起脚

계속해서 왼발을 땅에 내리지 않고, 신속하게 몸을 좌측으로 90도 돌리면서 오른발을 들어 앞을 향해 위로 올려찬다. 온몸이 공중에 떠 있을 때 앞을 향해 오른손을 내밀어 오른발 발등과 마주친다.

연이어 오른발을 앞으로 내려디디고 무릎을 굽혀 우궁보右弓步를 만든다. 동시에 몸을 좌측으로 90도 돌리면서 오른손은 앞을 감아 허리로 거두어들이고, 왼손은 앞을 향해 장掌으로 밀어친다. 눈은 왼손을 본다.

〔참고〕 ① 탄척彈踢 대신에 앞으로 한 바퀴 굴러 뛰어오르면서 이기각二起脚을 차고 ② 선풍각旋風脚과 연결할 수도 있다. 또는 곧장 앞으로 뛰어나가면서 이기각二起脚을 차고 ② 선풍각旋風脚과 연결하기도 한다.

基本功法

【第七章】

武藝圖譜通志 ─ 拳法

　여기에 실은 권법拳法은 《무예도보통지武藝圖譜通志》에 실려 전해져 내려오는 권법拳法이다.

　이 권법보拳法譜는 조선시대 영조英祖 35(1759)년 사도세자思悼世子가 서무를 대청代廳할 때 만든 《무예신보武藝新譜》에 실린 18기十八技 중의 한 종목이다.

　《무예신보武藝新譜》는 선조宣祖 때의 훈국랑訓局郎 한교韓嶠가 만든 《무예제보武藝諸譜》의 6기六技〔쌍수도雙手刀・등패藤牌・장창長槍・당파鐺鈀・낭선琅筅・곤봉棍棒〕에 12기十二技〔본국검本國劍・예도銳刀・죽장창竹長槍・기창旗槍・왜검倭劍・교전交戰・월도月刀・협도挾刀・쌍검雙劍・제독검提督劍・편곤鞭棍・권법拳法〕를 더하여 만들었다. 〈십팔기十八技〉의 명칭은 여기서부터 시작되었다.

　정조正祖 14년에 다시 마상기예馬上騎藝 6기六技를 증보하여 《무예도보통지武藝圖譜通志》를 편찬하였다.

【해제解題】

예비세豫備勢

두 발을 모으고 자연스럽게 서서 머리를 바르게 하고 눈은 앞을 본다. 마음을 차분히 하여 잡념을 없애고, 신의神意를 안으로 거두어들인다. 전신의 근육은 느슨히 하고, 양손은 권拳으로 허리에 바르게 댄다. 권심拳心은 위를 향하고, 호흡은 평온하게 해야 한다.

〔참고〕 권拳을 허리에 모으거나 허리로 거두어들일 때에는 손목을 허리에 대고, 손바닥은 위를 향하며, 팔꿈치는 밖으로 벌어지지 않도록 해야 한다.

수법手法·보법步法·퇴법腿法의 형태나 동작, 그리고 용어는 제6장 기본 공법을 참조할 것.

기식起式

① 양손을 장掌으로 바꾸면서 앞을 향해 오른손목을 왼손목 위에 교차하여 뻗는다. 장심掌心은 위를 향하고, 장지掌指는 앞을 향한다.

② 이어서 양손목을 돌리면서 팔꿈치를 약간 구부려 머리 위로 들어올린다. 양장兩掌은 권으로 변화하고 권심은 앞을 향한다.

③ 계속해서 양손은 좌우左右 옆으로 원을 그리면서 허리로 거두어들인다. 흡기吸氣를 배합한다.

④ 위 동작에 이어서 양손을 장으로 변화시키면서 앞을 향해 나란히 뻗는다. 양장심은 앞을 향하고, 장지掌指는 위를 향한다. 호기呼氣를 배합한다.

⑤ 이어서 양권을 허리로 거두어 바르게 댄다. 양권심은 위를 향한다.

측면

측면

1. 나찰의세懶扎衣勢

오른발이 뒤로 한 발 물러나고, 연이어 왼발이 뒤로 물러나면서 오른발에 모아서는 동시에 오른손은 오른편을 향해 옆으로 휘둘러 치고, 왼손은 왼편에서 오른편을 향해 팔꿈치를 구부리며 안으로 휘둘러친다. 양권심은 아래를 향하고, 눈은 오른손을 본다.

2. 금계독립세金鷄獨立勢

왼발이 앞으로 한 발 나가는 동시에 오른손은 앞을 향해 밖에서 안으로 막고, 연이어 오른발을 드는(독립보獨立步) 동시에 왼손을 머리 위로 들어올리면서 오른손을 허리로 거두어들인다. 왼팔 팔꿈치는 약간 구부리고, 눈은 앞을 본다.

3. 탐마세探馬勢

오른발을 왼발 옆에 내려딛고, 왼발을 왼편 옆으로 한 발 옮기면서 몸을 왼편으로 90도 돌리는(좌궁보左弓步) 동시에 왼손은 둥글게 감아 허리로 거두어들이고 오른손은 높이 들어 앞을 향해 내려친다(벽권劈拳). 눈은 앞을 본다.

4. 요란주세 拗鸞肘勢

이어서 오른손을 안으로 돌리면서 팔꿈치를 구부리고 오른편 귀 부분으로 당겨올리는 동시에 왼손은 앞을 향해 팔꿈치를 굽혀 좌충 권挫衝拳으로 올려친다. 왼손 권심은 안을 향하고, 오른손 권심은 밖을 향하며, 눈은 왼손을 본다.

5. 현각허이세懸脚虛餌勢

① 오른발을 들어 앞을 향해 올려차는 동시에 왼손을 허리로 거두어들이면서 오른손을 앞으로 내밀어 오른발 발등과 마주친다. (손바닥과 발등이 마주친다.)

② 이어서 오른발을 앞으로 내려딛고 왼발을 들어 앞을 향해 올려차는 동시에 오른손을 허리로 거두어들이면서 왼손을 앞으로 내밀어 왼발 발등과 마주친다.

③ 연이어 왼발을 앞으로 내려딛고 오른발을 들어 앞을 향해 올려차는 동시에 왼손을 허리로 거두어들이면서 오른손을 앞으로 내밀어 오른발 발등과 마주친다. 눈은 차는 발을 본다.

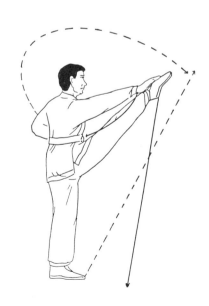

6. 순란주세順鸞肘勢

① 위 동작에 이어서 오른발을 뒤로 내려딛고 몸을 오른편으로 90도 돌리는(기마보騎馬步) 동시에 오른손은 허리로 거두어들이고 왼손은 밖에서 안으로 휘둘러친다(권추圈捶). 왼손 권심은 아래를 향한다.

② 이어서 몸을 왼편으로 돌리면서 오른발을 내파각內擺脚으로 앞을 향해 휘둘러차는 동시에 왼손을 내밀어 왼손바닥과 오른발 안쪽이 마주친다. 눈은 왼손을 본다.

7. 칠성권세七星拳勢

① 계속해서 몸을 왼편으로 360도 돌리면서 오른발을 원위치에 내려딛고, 좌궁보左弓步를 이루는 동시에 왼손은 오른팔 아래를 거쳐서 앞으로 나가고, 오른손은 가슴 앞으로 거두어들이며 칠성권七星拳을 만든다. 왼손 권심은 오른편을 향하고, 오른손 권심은 왼편을 향한다.

② 연이어 오른발이 앞으로 한 발 나가는(우궁보右弓步) 동시에 오른손은 왼팔 아래를 거쳐서 앞으로 나가고, 왼손은 가슴 앞으로 거두어들이며 칠성권七星拳을 만든다. 오른손 권심은 왼편을 향하고, 왼손 권심은 오른편을 향하며 눈은 앞을 본다. (양손은 좌우左右를 씻으면서〔洗〕 앞으로 밀고 나간다.)

8. 고사평세高四平勢

오른손을 허리로 거두어들이면서 왼발이 앞으로 한 발 나가는(좌궁보左弓步) 동시에 왼손은 앞을 향해 둥글게 감아 허리로 거두어들이고, 오른손은 충권衝拳으로 앞을 향해 찔러친다. 눈은 오른손을 본다.

9. 도삽세 倒揷勢

그 자리에서 몸을 오른편으로 180도 돌리는(우궁보右弓步) 동시에 오른손은 팔꿈치를 구부려 정주頂肘로 앞을 향해 밀어치고, 왼손은 뒤를 향해 뻗는다. 양권심은 아래를 향하고, 눈은 앞을 본다.

10. 일삽보세 一霎步勢

오른발이 뒤로 한 발 물러나는(좌궁보左弓步) 동시에 오른손을 겨드랑이 밑으로 거두어들이면서 왼손은 앞을 향해 장掌으로 밀어친다. 눈은 왼손을 본다.

11. 요단편세拗單鞭勢

① 오른발이 앞으로 뛰어나가는 동시에 왼손은 권으로 뒤를 향해 아래로 쓸어치고, 오른손은 앞을 향해 위에서 내리친다(벽권劈拳). 오른손 권심은 왼편을 향하고, 왼손 권심은 오른편을 향한다.

② 연이어 왼발이 앞으로 한 발 뛰어나가는(좌궁보左弓步) 동시에 오른손은 뒤를 향해 아래로 쓸어치고, 왼손은 뒤에서 원을 그리며 위로 감아돌려 앞을 향해 논벽권掄劈拳으로 내리친다. 계속해서 오른손은 뒤에서 원을 그리며 위로 감아돌려 앞을 향해 논벽권掄劈拳으로 내리치는 동시에 왼손은 뒤를 향해 아래로 쓸어친다. 〔두 발이 앞으로 뛰어나가면서 양손으로 앞을 향해 세 번 내리친다.〕

12. 복호세伏虎勢

① 왼발, 오른발을 앞으로 옮겨딛는(일좌보一坐步) 동시에 왼손은 팔꿈치를 구부려 머리 위로 들어올리고, 오른손은 오른편 뒤를 향해 비스듬히 옆으로 휘둘러친다. 왼손 권심은 앞을 향하고, 오른손 권심은 아래를 향하며, 눈은 오른손을 본다.

② 이어서 양손으로 땅을 짚고 왼발 무릎을 굽혀 걸터앉는 동시에, 오른발은 무릎을 곧게 펴고 발끝을 갈고리처럼 구부려 왼발을 축으로 삼아 오른편 뒤로 원을 그리며 한 바퀴 쓸어돌린다(후소퇴後掃腿).

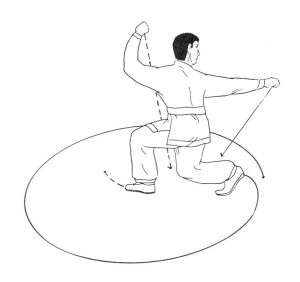

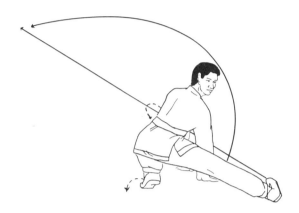

13. 현각허이세懸脚虛餌勢

① 몸을 왼편으로 90도 돌려 일어나면서 오른발을 들어 앞을 향해 올려차는 동시에 왼손은 허리로 거두어들이고, 오른손은 앞으로 내밀어 오른발 발등과 마주친다. (손바닥과 발등이 마주친다.)

② 이어서 오른발을 앞으로 내려딛고 왼발을 들어 앞을 향해 올려차는 동시에 오른손을 허리로 거두어들이면서 왼손을 앞으로 내밀어 왼발 발등과 마주친다.

③ 연이어 왼발을 앞으로 내려딛고 오른발을 들어 앞을 향해 올려차는 동시에 왼손을 허리로 거두어들이면서 오른손을 앞으로 내밀어 오른발 발등과 마주친다. 눈은 차는 발을 본다.

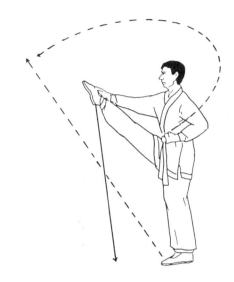

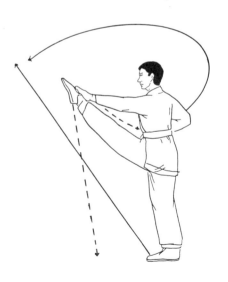

14. 하삽세下揷勢

① 위 동작에 이어서 오른발을 한 발 앞으로 내려딛으면서 몸을 왼편으로 90도 돌리는(기마보騎馬步) 동시에 왼손은 몸을 따라 둥글게 감아 위에서 아래로 내리누르고 오른손은 위에서 아래로 내리친다(벽권劈拳).

② 이어서 몸을 왼편으로 180도 돌리면서 왼발을 들어 외파각外擺脚으로 휘둘러차는 동시에 양손을 내밀어 양손바닥과 왼발이 마주친다. 눈은 앞을 본다.

측면

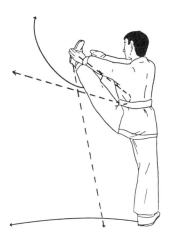

15. 당두포세當頭砲勢

계속해서 몸을 왼편으로 돌리면서 왼발을 앞으로 내려딛고 오른발이 앞으로 한 발 나가는(우궁보右弓步) 동시에, 오른손은 팔꿈치를 굽혀서 장으로 앞을 향해 머리 위로 들어올려 위를 막고, 왼손은 앞을 향해 장으로 내밀어 앞을 막는다. 양장심은 앞을 향하고, 눈은 앞을 본다.

16. 기고세旗鼓勢

① 왼발이 앞으로 한 발 나가는(좌궁보左弓步) 동시에 양손은 권으로 바꾸면서 오른편에서 왼편으로 합격合擊한다. 왼손 권심은 아래를 향하고, 오른손 권심은 위를 향한다.

② 연이어 오른발이 앞으로 한 발 나가는(우궁보右弓步) 동시에 양손은 왼편에서 오른편으로 합격合擊한다. 오른손 권심은 아래를 향하고, 왼손 권심은 위를 향한다. (양손은 횡권橫拳으로 좌우左右를 씻으면서〔洗〕 앞으로 나간다.)

17. 중사평세中四平勢

  왼발이 앞으로 한 발 나가면서(좌궁보左弓步) 왼손은 앞을 향해 아래로 누르는 동시에 오른손은 명치 높이로 앞을 향해 찔러친다. 오른손 권심은 왼편을 향한다.

18. 도삽세 倒插勢

그 자리에서 몸을 오른편으로 180도 돌리는(우궁보右弓步) 동시에 오른손은 팔꿈치를 구부려 정주頂肘로 앞을 향해 밀어치고 왼손은 뒤를 향해 뻗는다. 양권심은 아래를 향하고, 눈은 앞을 본다.

19. 도기룡세 倒騎龍勢

왼발이 앞으로 한 발 나가면서 허리를 왼편으로 비트는 동시에 양손은 아래로, 앞으로, 위로 원을 그리며 들어올려 뒤를 향해 벽권劈拳으로 내리친다. 왼손은 어깨 높이로 자연스럽게 펴고, 오른손은 팔꿈치를 굽혀 가슴 앞에 놓는다. 눈은 왼손을 본다.

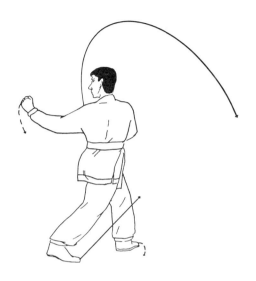

20. 요단편세拗單鞭勢

① 몸을 오른편으로 돌리면서 오른발이 앞으로 뛰어나가는 동시에 오른손은 앞을 향해 위에서 내리친다(벽권劈拳).

② 연이어 왼발이 앞으로 한 발 뛰어나가는(좌궁보左弓步) 동시에 오른손은 뒤를 향해 아래로 쓸어치고, 왼손은 뒤에서 원을 그리며 위로 감아돌려 앞을 향해 논벽권掄劈拳으로 내리친다. 계속해서 오른손은 뒤에서 원을 그리며 위로 감아돌려 앞을 향해 논벽권掄劈拳으로 내리치는 동시에 왼손은 뒤를 향해 아래로 쓸어친다. 〔두 발이 앞으로 뛰어나가면서 양손으로 앞을 향해 세 번 내리친다.〕

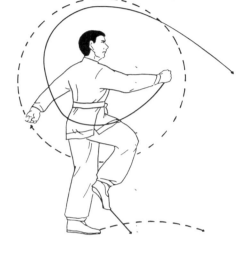

21. 매복세埋伏勢

오른발이 앞으로 한 발 나가며 일좌보一坐步로 앉는다. 동시에 왼손은 팔꿈치를 구부려 앞을 향해 머리 위로 들어올리고, 오른손은 오른편 뒤를 향해 비스듬히 옆으로 휘둘러친다. 왼손 권심은 앞을 향하고, 오른손 권심은 아래를 향한다.

22. 현각허이세懸脚虛餌勢

① 몸을 일으키면서 왼발을 들어 앞을 향해 올려차는 동시에 오른손을 허리로 거두어들이면서 왼손을 앞으로 내밀어 왼발 발등과 마주친다. (손바닥과 발등이 마주친다.)

② 이어서 왼발을 앞으로 내려딛고 오른발을 들어 앞을 향해 올려차는 동시에 왼손을 허리로 거두어들이면서 오른손을 앞으로 내밀어 오른발 발등과 마주친다.

③ 연이어 오른발을 앞으로 내려딛고 왼발을 들어 앞을 향해 올려차는 동시에 오른손을 허리로 거두어들이면서 왼손을 앞으로 내밀어 왼발 발등과 마주친다. 눈은 차는 발을 본다.

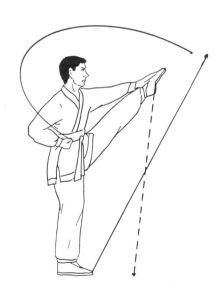

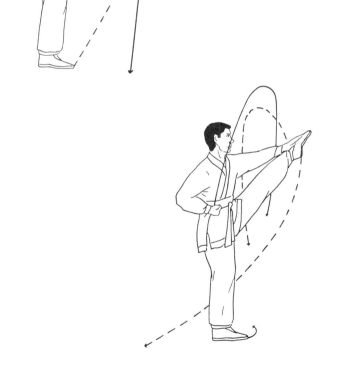

23. 하삽세下揷勢

위 동작에 이어서 왼발을 뒤로 내려딛으면서 몸을 왼편으로 90도 돌리는(기마보騎馬步) 동시에 왼손은 몸을 따라 둥글게 감아 위에서 아래로 내리누르고 오른손은 위에서 아래로 내리친다(벽권劈拳).

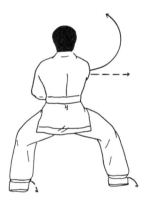

배면

24. 당두포세當頭砲勢

몸을 오른편으로 90도 돌리는(우궁보右弓步) 동시에 오른손은 팔꿈치를 굽혀서 장으로 앞을 향해 머리 위로 들어올려 위를 막고, 왼손은 앞을 향해 장으로 내밀어 앞을 막는다. 양장심은 앞을 향하고 눈은 앞을 본다.

25. 기고세旗鼓勢

① 왼발이 앞으로 한 발 나가는(좌궁보左弓步) 동시에 양손은 권으로 바꾸면서 오른편에서 왼편으로 합격合擊한다. 왼손 권심은 아래를 향하고, 오른손 권심은 위를 향한다.

② 연이어 오른발이 앞으로 한 발 나가는(우궁보右弓步) 동시에 양손은 왼편에서 오른편으로 합격合擊한다. 오른손 권심은 아래를 향하고, 왼손 권심은 위를 향한다. (양손은 횡권橫拳으로 좌우左右를 씻으면서[洗] 앞으로 나아간다.)

基本功法

26. 고사평세高四平勢

오른손을 허리로 거두어들이면서 왼발이 앞으로 한 발 나가는(좌궁보左弓步) 동시에 왼손은 앞을 향해 둥글게 감아 허리로 거두어들이고, 오른손은 충권衝拳으로 앞을 향해 찔러친다. 눈은 오른손을 본다.

27. 도삽세倒插勢

그 자리에서 몸을 오른편으로 180도 돌리는(우궁보右弓步) 동시에 오른손은 팔꿈치를 구부려 정주頂肘로 앞을 향해 밀어치고 왼손은 뒤를 향해 뻗는다. 양권심은 아래를 향하고, 눈은 앞을 본다.

28. 일삽보세一霎步勢

오른발이 뒤로 한 발 물러나는(좌궁보左弓步) 동시에 오른손을 겨드랑이 밑으로 거두어들이면서 왼손은 앞을 향해 장掌으로 밀어친다. 눈은 왼손을 본다.

29. 요단편세拗單鞭勢

① 오른발이 앞으로 뛰어나가는 동시에 왼손은 권으로 뒤를 향해 아래로 쓸어치고, 오른손은 앞을 향해 위에서 내리친다(벽권劈拳). 오른손 권심은 왼편을 향하고, 왼손 권심은 오른편으로 향한다.

② 연이어 왼발이 앞으로 한 발 뛰어나가는(좌궁보左弓步) 동시에 오른손은 뒤를 향해 아래로 쓸어치고 왼손은 뒤에서 원을 그리며 위로 감아돌려 앞을 향해 논벽권掄劈拳으로 내리친다. 계속해서 오른손은 뒤에서 원을 그리며 위로 감아돌려 앞을 향해 논벽권掄劈拳으로 내리치는 동시에 왼손은 뒤를 향해 아래로 쓸어친다. (두 발이 앞으로 뛰어나면서 양손으로 앞을 향해 세 번 내리친다.)

〔참고〕 원보에는 위 동작에 이어서 오화전신세五花纏身勢를 한 후에
　　　　갑·을 두 사람이 서로 마주 보고 교전을 하도록 되어 있으나,
　　　　본서에서는 계속해서 혼자서 투로를 완결토록 해제하였다.

30. 일조편세一條鞭勢

그 자리에서 좌궁보左弓步는 변하지 않고 몸을 오른편으로 비트
는 동시에 오른손은 뒤를 향해 오른편 옆으로 휘둘러치고, 왼손은
왼편에서 오른편 뒤를 향해 팔굼치를 구부리며 안으로 휘둘러친다.
양권심은 아래를 향하고, 눈은 오른손을 본다.

31. 귀축세 鬼蹴勢

몸을 왼편으로 돌리면서 오른발로 앞을 향해 낮게 차는 동시에 왼손은 왼편 뒤를 향해 위에서 아래로 쓸어치고 오른손은 장으로 앞을 향해 밀어친다. 눈은 오른손을 본다.

32. 지당세指當勢

왼발이 앞으로 한 발 나가는(좌궁보左弓步) 동시에 오른손을 허리로 거두어들이면서 왼손은 앞을 향해 장으로 밀어친다. 눈은 왼손을 본다.

33. 수두세獸頭勢

① 오른발이 앞으로 한 발 나가는(우궁보右弓步) 동시에 왼손은 권으로 뒤를 향해 아래로 쓸어치고 오른손은 앞을 향해 위에서 내리친다(벽권劈拳). 오른손 권심은 왼편을 향하고, 왼손 권심은 오른편을 향한다.

② 계속해서 오른손 팔꿈치를 굽혀 앞을 향해 좌충권左衝拳으로 올려친다. 오른손 권심은 안을 향하고, 눈은 오른손을 본다.

34. 신권세神拳勢

① 그 자리에서 오른발을 들었다 놓으면서 오른손을 아래로 감아 돌려 앞을 향해 손등으로 밀어친다(붕권崩拳). 권심은 안을 향하고 왼손을 허리로 거두어들이며 눈은 오른손을 본다.

② 이어서 왼발이 앞으로 나가는(좌궁보左弓步) 동시에 오른손은 장으로 변화하며 오른편에서 왼편을 향해 밀어막고 왼손은 앞을 향해 낮게 내려찌른다. 오른손 손바닥은 왼팔 위에 세워 든다.

35. 정란세 井欄勢

그 자리에서 몸을 오른편으로 180도 돌리는(우궁보右弓步) 동시에 오른손은 앞을 향해 둥글게 감으면서 왼손은 팔꿈치를 구부려 팔뚝으로 앞을 향해 돌려친다(반주盤肘). 왼손 팔뚝과 오른손 손바닥은 마주친다.

36. 작지룡세 雀地龍勢

왼발이 앞으로 한 발 나가면서 몸을 낮추는 동시에 오른발 발바닥으로 앞을 향해 아래로 낮게 찬다. 동시에 오른손은 앞을 향해 낮게 내려찌르고, 왼손은 장으로 뒤를 향해 뻗는다.

37. 조양수세 朝陽手勢

몸을 일으키면서 왼발을 오른발에 모아서는 동시에 오른손은 팔꿈치를 구부려 가슴 앞으로 가져오고 왼손은 장으로 위를 향해 밀어올린다. 왼손 장심은 위를 향하고, 오른손 권심은 아래를 향하며, 눈은 앞을 본다.

38. 수식收式

① 왼손을 권으로 변화하며 아래로 내려 허리로 거두어들이는 동시에 오른손은 왼편으로, 위로, 오른편으로 둥글게 원을 그리며 감아돌려 허리로 거두어들인다. 흡기吸氣를 배합한다.

② 계속해서 양권을 장으로 바꾸며 아래로 내린다. 장심은 아래를 향하고, 장지掌指는 앞을 향하며, 눈은 앞을 본다. 호기呼氣를 배합한다.

附

録

【第一】 武諺

武　諺

●

　　무언武諺은 무단武壇에서 입에서 입으로 전해져 내려오는 일종의 속어俗語이다. 여기에는 연무練武 경험이 풍부하게 함축되어 있고, 실천성이 강하며, 무예의 기본 요소와 일반적인 규율이 잘 나타나 있다.

　　여기에서는 무덕武德과 권법拳法에 관한 무언武諺을 간추려 싣는다.

武 諺

【文以評心, 武以觀德】

글로는 마음을 평하고, 무武로는 덕을 살펴본다.

글이란 작가의 마음을 표현해낸 것이며, 무武란 무예를 펼치는
사람의 도덕과 정신을 드러내고 있다. 그러므로 문장의 내용을 통
하여 글 쓴 사람의 마음을 평가할 수 있으며, 무예를 사용하는 목적
과 효과를 통하여 무예를 펼치는 사람의 도덕이 높고 낮음을 살펴
볼 수가 있다.

【未曾學藝先識禮, 未曾習武先明德】

기예技藝를 배우기 전에 먼저 예禮를 알아야 하고,
무예를 익히기 전에 먼저 덕德을 밝혀야 한다.

〈예禮〉란 공손하고 삼가는 태도로 사람들을 대하고, 사장師長을
존경하는 것과 같이 자신을 절제하고 다른 사람들을 공경하는 규범
이다. 〈덕德〉은 무덕武德, 즉 상무숭덕尙武崇德의 정신이다. 예를
아는 사람은 스승을 존경하고, 도道를 중히 여기니 무예의 진체眞
諦(참된 도리)를 배울 수가 있다. 덕이 밝은 사람은 도덕으로 자신
을 절제할 수가 있으며, 나라를 위하고 민족을 위하는 일에는 용감
하게 자신의 힘을 다 바치고, 개인의 사욕을 위하여 무예를 사용하
는 것은 수치스럽게 여긴다. 예로부터 무예를 전수하는 과정에서는
예의를 모르고 덕이 없는 자를 제자로 거두는 것을 경계하여 왔다.
먼저 무예를 가르치기 전에 예禮와 덕德을 가르치고 그후에 기예技
藝를 전해야 한다는 것이다.

【嚴師出高徒, 重道得眞諦】

엄한 스승 밑에서 뛰어난 제자가 나오고,
도道를 중히 여겨야 진체眞諦를 얻는다.

무술의 전승傳承 중에서는 예로부터 스승은 엄해야 하고, 제자는
도道를 중히 여겨야 한다고 말하였다. 스승이 엄해야 제자로 하여
금 무덕武德을 엄하게 지키고, 공손하고 삼가는 자세로 처세하여
무술을 발양시킬 수 있다. 스승이 엄해야 제자들은 엄격한 가르침
과 훈련 속에서 올바른 규율을 배우고 기예를 정미精微하게 단련하
게 된다. 〈중도重道〉는 무도武道를 숭상하고 무술을 애호하는 것이
다. 도道를 중히 여기는 사람만이 무술의 진체眞諦를 추구하면서
힘들고 괴로움을 두려워하지 않으면서 분투 노력하게 된다. 이런
사람만이 스승을 존경하면서 스승이 전수하는 지식과 기능을 존중
하면서 실천에 힘써 그 중의 진체眞諦를 깨닫게 된다.

【下場如書生, 上場似猛虎】

평소에는 서생과 같고, 싸움에서는 맹호와 같다.

무예武藝를 익히는 사람은 무武와 덕德을 골고루 닦는 과정 속에
서 무예를 정미하게 익히고 성정性精을 도야해야 한다는 것을 가리
키고 있다. 평소에는 마치 〈서생〉과 같이 단아하며 세상의 정리에
통하여 예를 갖추었으나, 연무시나 대적시에는 맹호와 같이 신속하
고 사나워야 한다는 것이다.

【徒弟技藝高, 莫忘師父勞】

제자의 기예技藝가 높아도 사부의 은혜를 잊어서는 안 된다.

《순자荀子》에 『청색靑色은 남색藍色에서 나왔으나 남색보다 푸르며, 얼음은 물이 언 것이나 물보다 차갑다』고 하였다. 이 말은 제자가 스승보다 뛰어남을 비유한 천고의 명언이다. 제자가 스승보다 뛰어나야 학술과 기예가 비로소 향상되고 사회가 발전하게 된다. 그러나 기예가 높아지고 학문이 높아졌다 해도 자기가 스승의 은혜로 기예를 전수받았고 스승의 가르침으로 커왔다는 사실을 잊지 말아야 한다.

오늘의 내가 있기까지에는 스승의 노고가 있었다는 사실을 알아야 한다. 남색이 없었다면 청색이 나올 수가 없고, 물이 없었다면 얼음이 생겨날 수가 없다.

【手眼相隨, 手到眼到】

손과 눈이 서로 따르고, 손이 이르면 눈이 이른다.

손은 동작의 공방攻防에 관한 의도를 나타내는 중요한 부위이다. 권식拳式 동작과정중에서 눈은 동작의 중요한 부위이다. 예를 들면 좌권左拳을 찌르면, 눈도 따라서 좌권左拳의 출격을 보아야 한다. 동작의 중요한 부위가 예정된 위치에 이르게 되면, 또한 동시에 예정된 위치에 도달하게 된다. 목표를 향해 권拳을 찌를 때 눈 또한 목표를 응시하게 되니, 이것이 바로 〈손이 이르면 눈도 이르게 된다〉는 말이다.

【教不嚴 拳必歪, 學不專 拳必濫】

가르침이 엄하지 않으면 권拳이 바르지 못하고,
배움이 전일하지 않으면 권拳이 외람된다.

이 말은 스승은 엄격하게 가르쳐 권拳이 잘못되는 것을 방지해야
하며, 제자는 전심을 다하여 권拳이 제멋대로 외람되는 것을 방지
해야 한다는 말이다. 엄하게 가르치려면 먼저 엄격하게 동작의 규
율에 따라 가르쳐야 한다. 그 다음은 제자들이 규율에 따라 연습하
도록 엄하게 요구해야만 한다. 그래야 제자들에게 정확한 권식拳式
을 가르칠 수가 있다. 배우는 제자는 전심을 다해 배워야만 올바르
게 배울 수 있게 된다. 그 다음에는 전일하게 정력을 집중시켜야 하
나를 배우면 하나를 얻을 수 있고, 하나를 익혀도 정미하게 된다.

【進步宜低, 退步要高】

발이 나아갈 때는 낮아야 하고, 뒤로 물러날 때는 높아야 한다.

대적시에 앞으로 나아가려 하면 중심을 낮춰서 자신의 안정성을
강화시켜 힘을 발하는 기틀을 견고하게 하여야 한다. 동시에 전신
을 긴밀하게 호응하며 상대가 방어하면서 공격해 오는 수법을 방비
해야 한다. 물러날 때는 중심을 높여야 한다. 중심이 높으면 보법이
영활하여 신속하게 상대에게서 피할 수가 있으며, 아울러 빨리 보
법을 바꿀 수가 있게 된다.

【師父領進門, 修行在個人】

스승은 문으로 들어오도록 이끌어 주지만, 수행은 본인에게 달려 있다.

무술의 단련은 배움과 단련이라는 두 단계를 포함하고 있다. 배우다는 것은 무술의 동작을 배우고 익혀 단련방법을 알게 되는 것이며, 스승의 책임은 여기에 있다. 제자가 배우고 익히면 문에 들어선 것이다.

단련은 무술의 기술 동작을 숙달하여 무술의 공용功用을 획득하는 근본 수단이다. 오직 개인의 노력과 단련을 통해서만이 스승이 전수한 기예技藝를 자기의 공부로 바꿀 수 있으며, 아울러 나태하지 않고 굳건한 수행과정 속에서 기법技法을 체험하고 권리拳理를 깨닫게 된다. 또한 개인의 노력과 단련을 통해서만이 강건한 신체를 갖게 되고, 성정性精을 도야시킬 수 있다.

공방攻防에 관한 기예技藝는 몸소 반복하여 실천하고, 실전의 변화에 응하여 자신의 타법打法을 발전시켜 나가야 한다.

【獨陰不生, 孤陽不長】

음陰은 홀로 생生하지 않고, 외로운 양陽은 자라지 않는다.

무예 기법은 상호 대립된 음陰·양陽으로 구별된다. 음양陰陽은 서로 감싸안고 떨어지지 않으며 서로 의존하고 서로 성쇠盛衰하면서 서로 변화하면서 바뀐다. 음陰이 있으면 반드시 양陽이 있게 마련이고, 양陽이 있으면 반드시 음陰이 있게 마련이다. 음陰을 잃으면 양陽이 있을 수 없고, 양陽이 없으면 음陰 또한 없어지게 된다.

【學道容易, 修道艱難】

도를 배우기는 쉬워도 도를 닦기는 지극히 어렵다.

〈도道를 배우기는 쉽다〉는 말은 스승에게서 무술의 기예와 익히는 방법들을 배우고, 심지어는 계통적으로 어느 문파의 권법을 배운다는 것은 결코 어려운 일이 아니라는 말이다.

〈도道를 닦기는 어렵다〉는 말은 강한 인내를 갖고 열심히 고련하는 것이다. 일의 번잡, 계절의 변화, 성과의 고저 등과 같은 객관적인 원인들로 인하여 권예拳藝를 소홀히 하지 않으면서 무학의 이론과 실천을 결합하여 끊임없이 정밀하게 연구하고 깊이 구하면서 도道와 덕德을 존중하는 것은 결코 쉬운 일이 아니다.

【步大不靈, 步小不穩】

보폭이 크면 영활하지 않고, 보폭이 작으면 안정되지가 않다.

보폭의 크기는 권식拳式의 평형과 영활함에 관계가 있다. 보폭이 크면 지탱하는 면이 커서 안정성이 높아진다. 그러나 보폭이 크면 신체 중심을 이동하여 새롭게 평형을 유지해야 하므로 보폭이 작은 것보다 상대적으로 느리게 된다. 그러므로 이 양자의 모순을 해결하는 방법은 연속운동중에서 보폭이 약간 작아야 하고, 정지 자세에서는 보폭이 조금 커야 한다. 이밖에도 보법步法의 고高·중中·저低로 말하면, 높으면 영활하나 부浮하게 되고, 낮으면 안정되나 체滯하게 된다. 그러므로 일반적으로는 중中을 취하는 게 적당하다고 여긴다.

【心意爲主帥, 眼耳爲先鋒,
活步如戰馬, 手脚似刀兵】

마음은 대장군이 되고, 눈과 귀는 선봉이 되며,
활보活步는 전마와 같고, 손발은 도병刀兵과 같다.

이 말은 무예를 익힐 때 신체 각 부위의 보조가 일치되어 각기 그
능력을 시전해야 함을 강조한 것이다. 눈과 귀 등의 감각 기관은 행
군의 선봉과 같아서 먼저 외계의 상황과 적수의 변화를 감촉하고,
심心(사유의 기관)은 대장군과 같아서 느끼고 접촉한 상황을 근거로
판단하여 지체운동肢體運動을 지배하는 의意로써 발출한다. 보步는
의식을 따라서 활동하니 전마와 같이 신체를 태우고 나아가고 들어
가거나 움직인다. 손·발은 도刀·병兵과 같이 의식의 지배하에 갖
가지 공방의 기법을 운용하여 완성한다.

【練大使小, 練長用短】

크게 연습하여 작게 사용하고, 길게 연습하여 짧게 사용한다.

이것은 권식拳式 동작의 폭에 관한 크기가 연습시와 격투시는 다
르다는 것을 가리키고 있다. 연습시에는 자세를 벌려 크게 하고, 길
게 발초發招하는 것이 몸을 단련하는 데 유리하다. 그러나 대적시
에는 권식拳式을 벌리면 합하기 어렵고, 길면 회수하기 힘들어 자
신의 요해를 엄밀하게 지키기 어렵고 또한 쉽게 결점을 노출하게
된다. 그러므로 권식拳式 동작의 폭은 작아야 하고, 발초發招 또한
짧아야 한다.

【眼無神, 拳無魂】

눈에 신神이 없으면, 권拳에 혼魂이 없다.

〈눈은 심령의 창〉이라고 하여 안신眼神으로 동작의 공방 의미를 표현해내고, 개인의 개성을 드러내도록 요구하였다. 동작의 공방 의식, 연습자의 개성은 바로 권기拳技의 안에 포함되어 있으니, 흡사 사람의 영혼과 같다. 그러므로 〈눈에 신神이 없으면, 권拳에 혼魂이 없다〉고 하였다.

【手打三分步打七, 勝人重在手步齊】

손으로는 삼 푼을 치고 발로는 칠 푼을 치며,
상대를 이기려면 손발이 같이해야 한다.

이 말은 다른 사람과 대적시에 발을 중시해야 한다는 것을 강조한 것이다. 손으로 멀리 상대를 치려고 하면, 발에 의지하여 멀리 나아가야 한다. 몸이 상대의 공격을 피하려고 하면 발에 의지하여 번개처럼 피해야 한다. 또한 발에는 걸어 넘기는 능력이 있다. 그러므로 〈손으로는 삼 푼을 치고, 발로는 칠 푼을 친다〉고 하였다. 그러나 주의할 것은 〈발로 칠 푼을 친다〉는 말은 결코 상대를 쳐서 쓰러뜨린다는 말은 아니다. 상대를 쳐서 쓰러뜨리려면 손으로 치는 것과 배합해야 한다. 손과 발이 동시에 힘을 발하여 상대를 격중시키는 일정한 공방 위치에 도달해야 비로소 주효할 수 있다. 이것이 바로 〈상대를 이기려면 손발이 같이해야 한다〉는 말이다.

【內不動, 外不發】

안에서 움직이지 않으면, 밖으로 발發할 수 없다.

외형의 동작은 내부 의기意氣의 지배를 받는다. 만일 의념이 동하지 않으면 기氣가 흐르지 않으니, 외형外形은 저절로 발동할 수 없게 된다. 의식의 지배하에서 뜻으로 기氣를 움직이니, 뜻이 이르면 기가 이르게 되고, 기가 이르면 힘이 발하게 되어 외형을 끌어 움직이니, 비로소 법法을 얻게 된다.

【逢閃必進, 逢進必閃. 閃卽進, 進卽閃】

피하면 공격하고, 공격해 오면 피해야 한다.

이 두 말은 같은 의미이다. 섬閃은 피하는 동작으로 방어방법이다. 진進은 나아가는 것으로 공격해 들어가는 방법을 가리킨다. 격투중에 만일 피하기만 하고 공격하지 않으면, 이는 소극적인 방법으로 비록 아주 잘 피한다 해도 자신만 보존할 뿐 승리를 거둘 기회가 없다. 또 공격만 알고 피할 줄을 모른다면, 일단 공격이 실패했을 때 상대가 그 기세를 타 공격해 오면 쉽게 무너지게 된다. 이 양 폐단을 피하려면 공격해 들어가고 재빨리 피하는 두 가지가 서로 융합되어야 한다. 예를 들어 상대가 권으로 내 흉부를 쳐오면, 나는 몸을 낮춰 상대의 측방으로 피함과 동시에 아랫배를 공격해 들어간다. 이 타법에서 몸을 낮추었으므로 몸을 옮기는 것이 〈섬閃〉이고, 상대의 권拳을 피하고 다시 나아가면서 공격해 들어가는 것이 바로 〈진進〉이다.

【外練筋骨皮, 內練一口氣】

밖으로는 근육과 뼈와 피부를 단련하고,
안으로는 한 호흡의 기氣를 단련한다.

기氣는 호흡呼吸의 기氣와 의식意識이 지배하여 체내를 운행하
는 내기內氣를 말한다. 무예를 익히는 사람은 〈외련外練〉을 하면,
또 〈내련內練〉을 하여 〈외형外形〉과 〈내기內氣〉가 조화되어야 한
다. 내외內外를 서로 겸하여 연공해야 내장內壯과 외강外強의 목적
을 달성할 수 있다. 일반적으로 권법 연습에서는 몸으로 기를 이끌
고, 기로써 몸을 움직이게 하여 〈근육·뼈·피부〉와 〈내기內氣〉가
동시에 단련되도록 한다.

【一動無有不動, 一停無有不停】

하나가 움직이면 움직이지 않는 것이 없고,
하나가 정지하면 멈추지 않는 게 없다.

무예는 신체 각 부위의 전체적인 운동에 중점을 둔다. 위가 움직
이면 아래에서 따르고, 아래가 움직이면 위에서 이끌어 준다. 그리
고 안에서 움직이면 밖의 움직임을 이끌고, 밖이 움직이면 안의 움
직임을 이끈다. 이렇게 동일한 의념의 지배하에서 신체의 어느 한
부위가 움직이면, 신체의 다른 부위도 협동하여 움직인다. 신체의
어느 한 부위가 목표에 도달하면, 신체의 각 부위 또한 예정된 목표
에 도달하여 일제히 움직이고, 나아가고, 이르고, 정지하는 모든 움
직임으로 표현되어 나온다.

【拳練百遍, 身法自現, 拳練千遍, 其理自見】

권법을 백 번 익히면 신법이 저절로 드러나고,
권법을 천 번 익히면 그 이치가 스스로 나타난다.

　권으로 치고 발로 차는 법은 비교적 익히기 쉬우나, 가슴과 허리의 움직임으로 표현되는 신법身法은 익히기가 어려운 기법이다. 그러므로 권술을 수없이 반복 연습하여 권법이 원숙해져야 비로소 상하 동작이 조화를 이루어 자연스럽게 경력勁力이 도달하게 되며, 허리 관절이 움직이면 사지가 따르게 되고, 근根과 초梢가 움직이면 허리 관절이 따르는 등 신법의 특점이 충분히 표현된다. 이렇게 되면 신법身法의 영활함 또한 자연스럽게 권식拳式 속에서 드러나게 된다. 바로 신법身法은 자연스러움을 귀히 여긴다는 이치이다.
　또 수백 수천 번 권술을 연습해야 비로소 권리拳理를 깨우치게 된다. 가령 스승이나 혹은 책을 통하여 권리拳理와 기법技法을 이해했다 해도 반복하여 연습해야만 비로소 동작의 기능을 깨우칠 수 있다. 그 도리는 〈실천에서 진정한 깨우침이 나오게 된다〉는 것이다.

【學會三天, 練好三年】

삼 일 동안 배운 것은 삼 년 동안 익혀야 한다.

　삼 일이란 짧은 시간을 나타내는 말이고, 삼 년은 기나긴 시간을 말한다. 즉 단기간에 배울 수 있는 초법招法이나, 하나의 권로拳路라 해도 그것을 잘 단련하려면 장기간 갈고 닦아야 숙련되게 되며 숙련되어야 깨닫게 된다.

【藝高人膽大, 膽大藝更高】

무예가 높아지면 담이 커지고, 담이 커지면 무예가 더욱 높아진다.

〈예藝〉는 무술의 기예로 무술의 기능과 체능을 숙달하고 운용하는 것을 포괄하여 가리키고 있다. 〈담膽〉은 위험을 두려워하지 않고, 앞으로 나아가는 의지로 담량·담기·담력을 포괄하고 있다. 이 말은 무예는 담을 기초로 하고 있으며, 담은 무예의 발휘를 보증하니 무예를 익히는 사람은 예藝와 담膽을 함께 단련해야 한다.

기예가 높은 사람은 훈련중에 힘든 기술의 난관을 극복하고, 대적시에는 강한 적을 물리친다. 끊임없이 극복하는 과정 속에 심리적으로 좋은 자극을 받도록 하여 과감하게 위험을 무릅쓸 수 있는 담량과 과감하게 적을 치고받을 수 있는 담력, 적을 위세로 누를 수 있는 담기膽氣의 양성에 도움을 주게 된다. 만일 기예技藝가 낮다면 비록 담력을 빌려 그 어려움을 면할 수 있어도 싸움에서 적을 파파破하기는 어렵게 마련이다. 대적시에 패배하다 보면 점점 담膽을 잃게 되어 원래 있던 담량·담력·담기를 잃어버리거나 약화되게 된다. 그러므로 기예技藝를 지녀야 담을 키울 수 있다.

담이 작은 자는 이것도 두렵고 저것도 두려워 고려하는 게 많다 보면, 대적시에 손이 물러지고 몸이 떨려 위험을 만나면 당황하여 어쩔 줄 모르게 되므로 평소에 알고 있던 기예를 발휘할 수가 없다. 단지 담膽이 큰 사람만이 위기를 만나도 두려워하지 않고, 강적을 만나도 겁을 먹지 않으며, 어떤 환경에서도 정상적으로 자기 실력을 발휘하게 된다. 심지어는 평소보다 더욱 뛰어나게 자신의 기예를 발휘하여 자기의 목적을 이루기도 한다. 그러므로 담은 기예를 발휘할 수 있도록 보중해 주며, 담이 크면 기예를 높이는 데 도움을 준다.

【無人似有人，有人若無人】

상대가 없을 적에는 상대가 있는 것과 같이 연습하고,
상대가 있을 적에는 상대가 없는 것처럼 대적한다.

이것은 심리 훈련의 요결이다. 개인이 혼자 권로拳路를 익힐 때
는 일초일식一招一式 모두 적수와 겨루는 것처럼 연습해야 한다.
이렇게 연습해야 권법을 익히는 사람으로 하여금 권식拳式의 공방
攻防 의미를 익히게 할 수 있다. 이렇게 오래 연습하다 보면 일단 적
과 마주쳐도 당황하지 않고 혼자 익혔던 대로 적과 대적할 수 있다.
　이와 반대로 대적할 때는 무인지경에 들어선 것처럼 과감하게 적
을 노려보며 마음의 평정을 유지하도록 해야 한다. 동시에 앞에 사
람이 없는 것처럼 공방攻防의 주도권을 잡아 공격해야 한다.

【來得高　往上挑，來得矮　往下斬，
　不高不矮　左右排攔】

높이 공격해 오면 위로 들어올리고, 낮게 공격해 오면 아래로 자르며,
높지도 낮지도 않으면 좌우左右로 밀어 막는다.

　〈높이 오면 도탁挑托이고, 평으로 오면 난격攔格이며, 낮게 오면
감절砍切이다〉라고 하였다. 상대가 나의 상반을 공격해 오면 위를
향해 도挑·탁托 등의 법을 사용하고, 상대가 나의 중반을 공격해
오면 좌우를 향해 평란平攔·횡배橫排 등의 방법을 쓰며, 하반을
공격해 오면 아래를 향해 감砍·절切·개蓋·절截 등의 방법을 사
용해야 한다.

【練從難處練, 用從易處用】

단련은 어려운 것을 단련하되 사용할 때는 쉬운 것을 사용하라.

훈련중에는 완성하기 어려운 고난도의 동작을 익혀야 하나, 실제 운용시에는 자기가 능숙하게 펼칠 수 있으며 쉽게 틀리지 않는 동작이나 초법招法을 사용해야 한다. 어려운 것을 익히므로써 쉽게 사용할 수 있는 견실한 기초가 되게 한다.

【未習打, 先學藥】

타법을 익히기 전에, 먼저 약을 배워야 한다.

이 말은 무예를 익히는 사람은 약공藥功을 겸하여 익혀야 한다는 것을 강조한 말이다. 권가拳家의 약공藥功은 좌공약佐功藥과 치상약治傷藥의 두 종류로 나눌 수 있다. 좌공약佐功藥은 근골을 강건하게 하고 단련 효과를 높이며, 피로를 빨리 없애 주는 좌공佐功 내복약과 열을 내리고 해독하는 데 사용되는 좌공佐功 외용약으로 나누어진다. 이런 유류의 약을 알아 사용할 수 있으면 연공이 과다하여 나타나는 상처를 피하는 데 도움을 주며, 경공硬功 연습으로 야기되는 근육 손상을 피할 수 있다. 치상약治傷藥은 내복약과 외용약이 있으며, 주로 상처를 치료하는 데 사용된다. 무예 연습중에 잘못하여 상처를 입을 수가 있고, 다른 사람과 대적시에도 손상을 피할 수가 없는 것이다. 그러므로 옛날에 무예를 익히던 사람은 의술과 무예를 함께 중시하여 배우지 않으면 안 되는 내용의 하나로 여겼다.

【上乘落, 下乘擧, 前乘衝, 躍乘起】

상上은 락落을 틈타고, 하下는 거擧를 틈타며,
전前은 충衝을 틈타고, 약躍은 기起를 틈탄다.

이 말은 세勢를 이용하여 힘을 빌리는 승법乘法이며, 그 관건은
구력舊力이 지나가고 신력新力이 아직 생기기 전에 있다.

〈상승락上乘落〉은 상대가 위에서 아래로 벽타劈打하면 나는 그
벽경劈勁(쪼개는 힘)이 지나면서 손이 아래로 내려가는 세를 틈타
그 팔을 눌러 봉하고 그 위를 공격한다는 것이다.

〈하승거下乘擧〉는 상대가 아래에서 위로 쳐오면 나는 그 경勁이
지나면서 손이 위로 올라가는 기세를 타 그 팔을 들어올리며 아래
를 공격한다.

〈전승충前乘衝〉은 상대가 맹렬하게 나를 곧바로 쳐오면 나는 번
개같이 그 힘의 예봉을 피하고 그의 몸이 앞으로 나아가는 기세를
틈타 그 운동 방향으로 힘을 더하는 법法을 사용하여 앞으로 기울
어져 자세를 잃어버리도록 만든다.

〈약승기躍乘起〉는 도약하여 쳐오는 기세에 대해서는 상대가 뛰어
올랐다가 아직 내려오지 않았을 때를 틈타 공격해야 한다는 것이다.

【冬練三九, 夏練三伏】

겨울에는 삼구三九에 단련하고, 여름에는 삼복三伏에 단련한다.

무예의 단련은 쉬지 않고 연마해야 한다. 〈삼구三九〉의 엄동과
〈삼복三伏〉의 한여름이라도 쉬지 말고 계속 무예를 익혀야만 성과

를 이룰 수 있다.

혹한과 혹서를 이용하여 신체를 단련하면 많은 단련 효과를 거둘 수가 있다. 우선 사람이 가장 움직이기 싫어하는 한서寒暑에 쉬지 않고 연습하면, 사람의 의지력과 인내심을 배양할 수 있다. 그 다음에는 신체가 추위와 더위에 대한 저항력을 높여 자연 변화에 적응하는 능력을 향상시켜 준다. 여름에는 기온이 높으므로 부드러우면서도 강인함과 기술 연습에 좋은 효과를 거둘 수 있고, 겨울에는 기온이 낮으므로 힘과 인내력 등을 연습하면 좋은 효과를 거둘 수 있다.

【百看不如一練, 百練不如一專】

백 번 보는 것은 한 번 익히는 것만 못하고,
백 가지 익히는 것이 하나의 전일함만 못하다.

이 말은 무예 단련의 실천성을 강조하고 있다. 무예는 친히 실천하고 단련해야 소기의 목적을 달성할 수 있게 된다.

〈백 가지 익히는 것이 하나의 전일함만 못하다〉는 말은 무술을 익히면서 아침에는 이것을 저녁에는 저것을 익히면서 닥치는 대로 많이만 배우려 하지 말라는 것을 강조하고 있다. 그렇게 하면 아무 것도 정순하게 익힐 수 없으며, 심지어는 권기拳技의 세절細節도 알지 못하고, 권리拳理도 분명하지 않게 된다. 그러니 응당 진지하게 배우고 점차 깊이 들어가 계통적으로 익힌 후에야 다시 다른 것을 연마해야 비로소 정심하게 익힐 수 있다.

【不怕千招會, 就怕一招熟】

천 초를 펼 수 있다고 하여 두려워 말고,
한 초가 숙련되었음을 두려워하라.

이 말은 기예技藝의 숙달을 강조하고 있다. 초식이 숙련되어야
대적시에는 마음대로 응수할 수 있으며, 공방이 적절하게 된다. 숙
련되기 위해서는 훈련의 많고 적음과 관계가 있다. 널리 천 초招를
배운 기초 위에서 몇 초를 정련하여 지극한 〈숙련〉을 위주로 해야
한다. 만약 많은 초법招法을 익힐 수 없었다면, 과다한 욕심을 버리
고 적으면서도 정련한다는 원칙으로 단지 몇 초, 심지어는 한 초라
도 절정에 이르도록 익혀야 한다. 기예技藝의 묘는 많이 아는 데 있
지 않고 숙련됨에 있다.

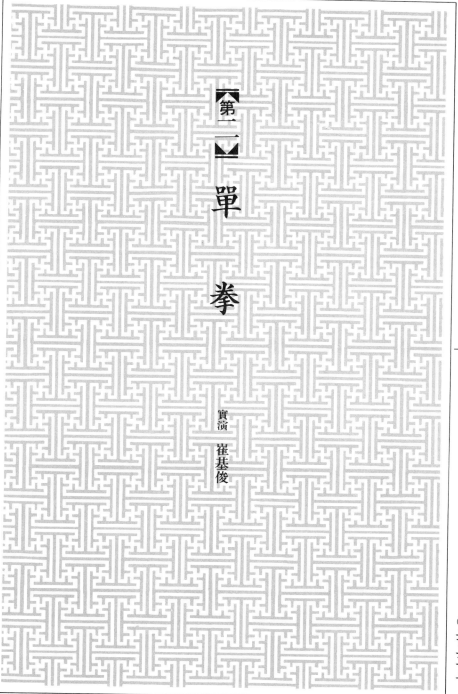

【第二】 單　拳

實演　崔基俊

單　拳

● (ornament)

　단권單拳은 모두 팔로八路로 나누어진다. 각 로路는 간단하면서
도 행하기 쉬운 수법手法과 보법步法으로 이루어지는데, 그 속에는
여러 가지 많은 변화를 내포하고 있어 초학자의 경우 그 오묘함을
보지 못하여 소홀히 하는 잘못을 범하기 쉽다.

　사람이 필요로 하는 기력氣力은 자신의 몸에서 배양·단련하여
손과 발까지 주입시킬 수 있어야 비로소 유용한 힘이 된다. 이러한
도리를 모르면서 단권單拳의 형식形式만을 모방하고 그 정수를 소
홀히 함은 마치 겉만 보고 안을 보지 않음과 같다.

　처음 배우는 사람은 맥락脈絡과 근골筋骨이 영활하지 못하여 손
과 발에서 나오는 힘이 매우 약하다. 그러나 오랫동안 수련하게 되
면 기氣가 허리에서 차츰 손과 발 끝으로 모이게 되고, 뜻에 따라
기氣가 움직이게 되면 손발의 움직임에 따라 힘을 조절할 수 있게
되고 기력氣力도 날로 늘어나게 되는 것이다.

　단권單拳의 수련은 사지四肢를 고르게 발달시켜 양팔과 양다리
의 공력을 균등하게 길러 준다.

　신체身體의 동작으로써 공공을 쌓는 것을 동공動功이라 하며, 단
권單拳은 그 기본이 된다. 단권單拳의 매 동작은 강건하고 착실하
여 강유剛柔가 서로 조화를 이루어 짜임새가 긴밀하고 엄격하다.

　또한 출세出勢가 원만하면서 수법手法은 분명하고 보步마다 힘
이 있으며, 공격과 수비의 기세를 함께 내포하고 있다. 권拳을 출수
出手할 때에는 고동 껍데기처럼 나선형으로 선회하고, 거두어들일
때에는 바람처럼 빠르며 팔꿈치는 부드럽게 굽혀야 한다.

　오랫동안 수련하여 공공이 쌓이면 스스로 변화하고, 숙련됨이 극

에 이르면 강剛한 듯하나 강剛이 아니요, 실實한 듯하면서도 실實
하지 않게 된다.

第一路 삼충권三衝拳

1 예비식豫備式—두 발을 모으고, 양권은 허리에 바르게 댄다. 양권심은 위를 향하고, 눈은 앞을 본다.

2 몸을 좌측으로 90도 돌리면서 왼발이 앞으로 일 보 나아가 좌궁보左弓步를 만드는 동시에, 왼손은 앞을 향해 둥글게 감아 허리로 거두어들이고 우권은 앞을 향해 찔러친다. 우권심은 아래를 향하고 눈은 앞을 본다.

3 위 동작에 이어서 좌궁보左弓步는 변하지 않고, 우권을 허리로 거두어들이면서 좌권으로 앞을 향해 찔러친다.

1

2

3

4

④ 위 동작에 이어서 좌궁보左弓步는 변하지 않고, 좌권을 허리로 거두어들이면서, 우권으로 앞을 향해 찔러친다.

〔참고〕 궁보는 변하지 않고, 좌우 양손은 멈춤이 없이 계속 연결하여 충권衝拳으로 세 번 찔러친다.

⑤ 오른발이 앞으로 일 보 나아가 무릎을 굽혀 우궁보右弓步를 만들고, 동시에 우권을 허리로 거두어들이면서 좌권으로 앞을 향해 찔러친다.

5

6

7

⑥ 위 동작에 이어서 우궁보右弓步는 변하지 않고, 좌권을 허리로 거두어들이면서 우권으로 앞을 향해 찔러친다.

⑦ 위 동작에 이어서 우궁보右弓步는 변하지 않고, 우권을 허리로 거두어들이면서 좌권으로 앞을 향해 찔러친다.

⑧ 수식收式 ─ 두 발을 모으고, 양권은 허리에 바르게 댄다.

［참고］ 수식收式으로 들어가기 전에 계속해서 일로一路 동작을 반복 수련한 다음 수식收式을 하여도 된다. 이 방법方法은 일로一路부터 팔로八路까지 동일하다. 또는 일로一路부터 팔로八路까지 수련한 후 수식收式을 한다.

第二路　탄퇴충권彈腿衝拳

　1 예비식豫備式 ─ 두 발을 모으고, 양권은 허리에 바르게 댄다. 양권심은 위를 향하고, 눈은 앞을 본다.

　2 몸을 좌측으로 90도 돌리면서 왼발이 앞으로 일 보 나아가 좌궁보左弓步를 만드는 동시에, 왼손은 앞을 향해 둥글게 감아 허리로 거두어들이고 우권은 앞을 향해 찔러친다. 권심은 아래를 향하고 눈은 앞을 본다.

　3 오른발을 들어 앞을 향해 차면서[앞차기] 동시에 우권은 허리로 거두어들이고, 좌권은 앞을 향해 찔러친다.

1

2

3

4

4 위 동작에 이어서 오른발을 왼발 일 보 앞에 내려디디고 우궁보右弓步를 만드는 동시에, 좌권을 허리로 거두어들이면서 우권으로 앞을 향해 찔러친다.

5 위 동작에 이어서 우궁보右弓步는 변하지 않고, 우권을 허리로 거두어들이면서 좌권으로 앞을 향해 찔러친다.

6 위 동작에 이어서 왼발을 들어 앞을 향해 차면서[앞차기] 동시에 왼손은 허리로 거두어들이고, 우권은 앞을 향해 찔러친다.

5

6

7

8

⑦ 위 동작에 이어서 왼발을 오른발 일 보 앞에 내려디디고 좌궁보左弓步를 만드는 동시에, 우권은 허리로 거두어들이고 좌권은 앞을 향해 찔러친다.

⑧ 위 동작에 이어서 좌궁보左弓步는 변하지 않고, 좌권을 허리로 거두어들이면서 우권으로 앞을 향해 찔러친다.

⑨ 수식收式 ― 두 발을 모으고, 양권은 허리에 바르게 댄다.

第三路　마보충권馬步衝拳

　　□1 예비식豫備式─두 발을 모으고, 양권은 허리에 바르게 댄다.
양권심은 위를 향하고, 눈은 앞을 본다.

　　□2 몸을 좌측으로 90도 돌리면서 왼발이 앞으로 일 보 나아가 좌
궁보左弓步를 만드는 동시에, 왼손은 앞을 향해 둥글게 감아 허리
로 거두어들이고 우권은 앞을 향해 찔러친다. 권심은 아래로 향하
고 눈은 앞을 본다.

　　□3 위 동작에 이어서 오른발을 들어 앞을 향해 차는[앞차기] 동시
에 우권은 허리로 거두어들이고, 좌권은 앞을 향해 찔러친다.

1

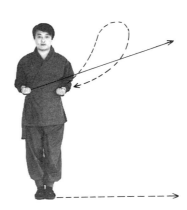

2

3

4

4 위 동작에 이어서 오른발을 왼발 일 보 앞에 내리고, 두 발을 틀어 몸을 좌로 90도 돌리면서 기마보騎馬步를 만드는 동시에 왼손은 위를 둥글게 감으면서 허리로 거두어들이고, 우권은 우측을 향해 찔러친다. 권심은 아래를 향하고 눈은 우측을 본다.

5 위 동작에 이어서 몸을 우측으로 90도 돌리면서 우궁보右弓步를 만드는 동시에, 오른손은 앞을 향해 둥글게 감아 허리로 거두어들이고 좌권은 앞을 향해 찔러친다.

6 위 동작에 이어서 왼발을 들어 앞을 향해 차면서[앞차기] 동시에 좌권은 허리로 거두어들이고, 우권은 앞을 향해 찔러친다.

5

6

7

7 위 동작에 이어서 왼발을 오른발 일 보 앞에 내리고, 두 발을 틀어 몸을 우측으로 90도 돌리면서 기마보騎馬步를 만드는 동시에 오른손은 위를 둥글게 감으면서 허리로 거두어들이고, 좌권은 좌측을 향해 찔러친다. 권심은 아래를 향하고, 눈은 좌측을 본다.

8 수식收式─두 발을 모으고, 양권은 허리에 바르게 댄다.

第四路　요단편拗單鞭

1 예비식豫備式—두 발을 모으고, 양권은 허리에 바르게 댄다. 양권심은 위를 향하고, 눈은 앞을 본다.

2 몸을 좌로 90도 돌리면서 왼발이 앞으로 일 보 나아가 좌궁보 左弓步를 만드는 동시에, 왼손은 앞을 향해 둥글게 감아 허리로 거두어들이고 우권은 앞을 향해 찔러친다. 권심은 아래를 향하고, 눈은 앞을 본다.

1

2

3

4

③ 두 발을 틀어 몸을 우측으로 90도 돌리면서, 우권으로 우측을 향해 휘둘러친다. [횡권橫拳—팔은 곧게 펴고 권심은 아래를 향한다.] 동시에 왼발을 들어 독립보獨立步를 만들면서 좌권은 앞을 향해 밖에서 안으로 휘둘러친다. [권추圈捶] 권심은 아래를 향하고, 눈은 앞을 본다.

④ 위 동작에 이어서 몸을 좌로 90도 돌리면서, 왼발을 오른발 일보 앞에 내리고 좌궁보左弓步를 만든다. 동시에 좌권은 몸을 따라 위에서 앞을 향해 내리친다. [벽권劈拳] 권심은 우측을 향하고, 눈은 앞을 본다.

5

[5] 위 동작에 이어서 오른발이 앞으로 일 보 나아가 우궁보右弓步를 만들면서 좌권은 뒤를 향해 아래로 쓸어치고[권심은 우측을 향한다], 동시에 우권은 몸을 따라 뒤에서 위로 돌리면서 앞을 향해 내리친다.[논벽권掄劈拳] 권심은 좌측을 향하고, 눈은 앞을 본다.

[6] 위 동작에 이어서 우궁보右弓步는 변하지 않고, 우권은 뒤를 향해 아래로 쓸어치면서, 좌권은 뒤에서 위로 돌려 앞을 향해 내리친다.[논벽권掄劈拳] 권심은 우측을 향한다.

[참고] 손과 발은 끊임없이 계속 연결하여 발이 두 걸음 나아갈 때 손은 발과 조화되어 앞으로 세 번 돌려친다.

6

7—①

7—②

7 두 발을 틀어 몸을 좌측으로 90도 돌리면서, 좌권은 좌측을 향해 휘둘러친다.〔횡권横拳—팔은 곧게 펴고, 권심은 아래를 향한다.〕동시에 오른발을 들어 독립보獨立步를 만들면서 우권은 앞을 향해 밖에서 안으로 휘둘러친다.〔권추圈捶〕권심은 아래를 향하고, 눈은 앞을 본다.

8 위 동작에 이어서 몸을 우로 90도 돌리면서 오른발을 왼발 일보 앞에 내리고 우궁보右弓步를 만드는 동시에, 우권은 몸을 따라 위에서 앞을 향해 내리친다.〔벽권劈拳〕권심은 좌측을 향하고, 눈은 앞을 본다.

8

9

10

⑨ 위 동작에 이어서 왼발이 앞으로 일 보 나아가 좌궁보左弓步를 만들면서 우권은 뒤를 향해 아래로 쓸어치고[권심은 좌측을 향한다], 동시에 좌권은 뒤에서 위로 돌리면서 앞을 향해 내리친다.[논벽권掄劈拳] 권심은 우측을 향하고, 눈은 앞을 본다.

⑩ 위 동작에 이어서 좌궁보左弓步는 변하지 않고, 좌권은 뒤를 향해 아래로 쓸어치는[권심은 우측을 향한다], 동시에 우권은 뒤에서 위로 돌리면서 앞을 향해 내리친다.[논벽권掄劈拳] 권심은 좌측을 향한다.

⑪ 수식收式—두 발을 모으고, 양권은 허리에 바르게 댄다.

第五路 호두가타護頭架打

1 예비식豫備式 — 두 발을 모으고, 양권은 허리에 바르게 댄다. 양권심은 위를 향하고, 눈은 앞을 본다.

2 몸을 좌로 90도 돌리면서 왼발이 앞으로 일 보 나아가 좌궁보左弓步를 만드는 동시에, 왼손은 앞을 향해 머리 위 전방으로 올려 받쳐들면서[권심은 앞을 향한다] 우권으로 앞을 향해 찔러친다. 권심은 좌측을 향한다.

1

2

③ 위 동작에 이어서 왼손은 변하지 않고, 우권은 팔꿈치를 굽혀 앞을 막으면서[권심은 안으로 향하고, 권면은 위를 향한다] 오른발을 들어 앞을 향해 찬다.[앞차기]

④ 위 동작에 이어서 오른발을 왼발 일 보 앞에 내리면서 우궁보 右弓步를 만드는 동시에, 왼손은 우권右拳 앞을 아래로 누르면서 뒤를 향해 쓸어치고[권심은 우측을 향한다] 우권은 앞을 향해 찔러 친다.

⑤ 위 동작에 이어서 우궁보右弓步는 변하지 않고, 오른손은 팔을 굽혀 앞을 향해 머리 위 전방으로 올려 받쳐들면서[권심은 앞을 향한다] 좌권은 앞을 향해 찔러친다. 권심은 좌측을 향한다.

3

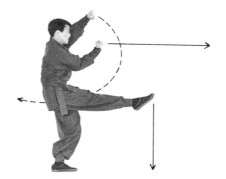

4

5

　⑥ 위 동작에 이어서 오른손은 변하지 않고, 좌권은 팔꿈치를 굽혀 앞을 막으면서[권심은 안을 향하고, 권면은 위를 향한다] 왼발을 들어 앞을 향해 찬다.[앞차기]

　⑦ 위 동작에 이어서 왼발을 오른발 일 보 앞에 내려디디고 좌궁보左弓步를 만드는 동시에, 오른손은 좌권左拳 앞을 아래로 누르면서 뒤를 향해 쓸어치고[권심은 좌측을 향한다] 좌권은 앞을 향해 찔러친다.

　⑧ 수식收式 ― 두 발을 모으고, 양권은 허리에 바르게 댄다.

6

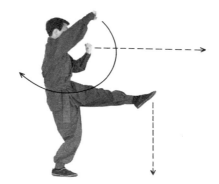

7

第六路　횡소료권橫掃撩拳

　1 예비식豫備式—두 발을 모으고, 양권은 허리에 바르게 댄다.
양권심은 위를 향하고, 눈은 앞을 본다.

　2 몸을 좌측으로 90도 돌리면서 왼발이 앞으로 일 보 나아가 좌
궁보左弓步를 만든다. 동시에 오른손은 앞을 향해 밖에서 안으로
그어감아 우측 뒤를 향해 아래로 쓸어치면서[권심은 좌측을 향한다]
좌권은 앞을 향해 찔러친다. 권심은 아래를 향하고, 눈은 앞을 본다.

1

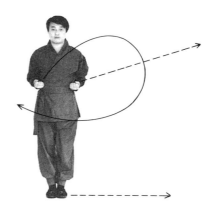

2

3

4

③ 두 발을 틀어 몸을 우측으로 90도 돌리면서 기마보騎馬步를 만드는 동시에, 우권은 우측으로 들어올리고 좌권은 앞을 향해 밖에서 안으로 휘둘러친다.[권추圈捶] 권심은 아래를 향하고, 눈은 앞을 본다.

[참고] 두 발이 뒤로 약간 물러나면서 기마보를 만드는 동시에 권추로 휘둘러친다.

④ 위 동작에 이어서 왼쪽 무릎을 곧게 펴면서 좌부보左仆步를 만드는 동시에, 좌권은 왼쪽 무릎 위를 우측에서 좌측을 향해 옆으로 쓸어친다. 권심은 아래를 향한다.

5

6

7

⑤ 위 동작에 이어서 몸을 좌로 90도 돌리면서 좌궁보左弓步를 만드는 동시에 좌권은 좌측으로 올려들고, 우권은 아래로 내리면서 앞을 향해 올려친다. 권심은 좌측을 향하고, 눈은 앞을 본다.

⑥ 위 동작에 이어서 왼손은 변하지 않고, 우권은 팔을 굽혀 세워 앞을 막으면서[권심은 안을 향한다] 동시에 오른발을 들어 앞을 향해 찬다.[앞차기]

⑦ 위 동작에 이어서 오른발을 왼발 일 보 앞에 내리면서 우궁보右弓步를 만드는 동시에, 우권은 앞을 향해 충권衝拳으로 찔러치고 왼손은 뒤를 향해 쓸어간다.

8

9

10

⑧ 두 발을 틀어 몸을 좌측으로 90도 돌리면서 기마보騎馬步를 만드는 동시에, 좌권은 좌측으로 들어올리고 우권은 앞을 향해 밖에서 안으로 휘둘러친다.〔권추圈捶〕권심은 아래를 향하고, 눈은 앞을 본다.

⑨ 위 동작에 이어서 오른쪽 무릎을 곧게 펴면서 우부보右仆步를 만드는 동시에, 우권은 오른쪽 무릎 위를 좌측에서 우측을 향해 옆으로 쓸어친다. 권심은 아래를 향한다.

⑩ 위 동작에 이어서 몸을 우측으로 90도 돌리면서 우궁보右弓步를 만드는 동시에, 우권은 우측으로 올려들고 좌권은 뒤에서 아래로 내리면서 앞을 향해 올려친다. 권심은 우측을 향한다.

11

12

⑪ 위 동작에 이어서 오른손은 변하지 않고, 좌권은 팔을 굽혀 세워 앞으로 막으면서[권심은 안으로 향한다] 동시에 왼발을 들어 앞을 향해 찬다.[앞차기]

⑫ 위 동작에 이어서 왼발을 오른발 일 보 앞에 내리면서 좌궁보左弓步를 만드는 동시에, 좌권은 앞을 향해 충권衝拳으로 찔러치고 오른손은 뒤를 향해 쓸어간다.

⑬ 수식收式 — 두 발을 모으고, 양권은 허리에 바르게 댄다.

第七路　쌍환발운雙環撥雲

1 예비식豫備式—두 발을 모으고, 양권은 허리에 바르게 댄다. 양권심은 위를 향하고, 눈은 앞을 본다.

2 왼발이 좌측으로 일 보 나아가 기마보騎馬步를 만들면서 좌권으로 좌측을 향해 충권衝拳으로 찔러친다. 권심은 아래를 향하고 눈은 좌측을 본다.

3 위 동작에 이어서 몸을 좌측으로 90도 돌리면서, 왼발을 뒤로 물러 좌허보左虛步를 만들고, 동시에 왼손은 앞을 향해 머리 위 전방으로 올려 받쳐든다. 권심은 앞을 향한다.

1

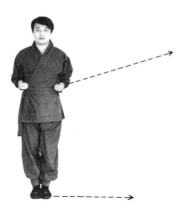

單　拳

2

3

4

④ 위 동작에 이어서 허보虛步는 변하지 않고, 좌권을 허리로 거두어들이면서 우권은 앞을 향해 머리 위 전방으로 올려 받쳐들고 권심은 앞을 향한다.

⑤ 위 동작에 이어서 왼발을 앞으로 옮겨디디고, 몸을 우측으로 90도 돌리면서 기마보騎馬步를 만들고, 동시에 오른손은 둥글게 감으면서 허리로 거두어들이고, 좌권은 좌측을 향해 찔러친다. 권심은 아래를 향하고, 눈은 좌측을 본다.

5

6

7

⑥ 위 동작에 이어서 몸을 우측으로 90도 돌리면서, 오른발을 뒤로 물러 우허보右虛步를 만들고, 동시에 왼손을 허리로 거두어들이면서 오른손은 앞을 향해 머리 위 전방으로 올려 받쳐든다. 권심은 앞을 향한다.

⑦ 위 동작에 이어서 허보虛步는 변하지 않고, 우권을 허리로 거두어들이면서 좌권은 앞을 향해 머리 위 전방으로 올려 받쳐든다. 권심은 앞을 향한다.

8

⑧ 위 동작에 이어서 오른발을 앞으로 옮겨디디고, 몸을 좌측으로 90도 돌리면서 기마보騎馬步를 만드는 동시에 왼손을 둥글게 감으면서 허리로 거두어들이고 우권은 우측을 향해 찔러친다. 권심은 아래를 향하고, 눈은 우측을 본다.

⑨ 수식收式─두 발을 모으고, 양권은 허리에 바르게 댄다.

第八路 비각충권飛脚衝拳

① 예비식豫備式—두 발을 모으고, 양권은 허리에 바르게 댄다. 양권심은 위를 향하고, 눈은 앞을 본다.

② 몸을 좌로 90도 돌리면서 왼발이 앞으로 일 보 나아가 좌궁보左弓步를 만드는 동시에, 왼손은 앞을 향해 둥글게 감아 허리로 거두어들이고 우권은 앞을 향해 찔러친다. 권심은 아래를 향하고, 눈은 앞을 본다.

1

2

3

4

③ 오른발을 들어 앞을 향해 차면서[앞차기] 우권을 허리로 거두 어들이고, 동시에 좌권은 앞을 향해 찔러친다.

④ 위 동작에 이어서 오른발이 땅에 떨어지기 전에 왼발을 들어 위로 뛰어오르면서 앞을 향해 찬다. 동시에 좌권을 허리로 거두어 들이면서 우권은 앞을 향해 충권衝拳으로 찔러친다.

5

⑤ 위 동작에 이어서 왼발을 오른발 일 보 앞에 내리면서 몸을 우측으로 90도 돌려 기마보騎馬步를 만드는 동시에, 오른손은 위를 둥글게 감으면서 허리로 거두어들이고 좌권은 좌측을 향해 찔러친다. 권심은 아래를 향하고, 눈은 좌측을 본다.

[참고] 위로 뛰어오르면서 두 발을 연결해서 차고, 손과 발은 동시에 찌르고 차야 한다.

반복 수련법은, 위 동작에 이어서 몸을 좌측으로 90도 돌리면서 좌궁보左弓步를 만드는 동시에, 왼손은 허리로 거두어들이고 우권은 앞을 향해 찔러친다. 계속해서 전진하면서 반복 수련하고 반대편[우측]으로 할 때에도 방법은 같다.

6

6 위 동작에 이어서 몸을 우측으로 90도 돌리면서 우궁보右弓步를 만들고, 동시에 오른손은 앞을 향해 둥글게 감아 허리로 거두어 들이면서 좌권은 앞을 향해 찔러친다.

7 위 동작에 이어서 왼발을 들어 앞을 향해 차면서[앞차기] 좌권을 허리로 거두어들이고, 우권은 앞을 향해 충권衝拳으로 찔러친다.

8 위 동작에 이어서 왼발이 땅에 떨어지기 전에 오른발을 들어 위로 뛰어오르면서 앞을 향해 찬다. 동시에 우권을 허리로 거두어 들이면서 좌권은 앞을 향해 충권衝拳으로 찔러친다.

7

8

9

⑨ 위 동작에 이어서 오른발을 왼발 일 보 앞에 내리면서 몸을 좌측으로 90도 돌려 기마보騎馬步를 만드는 동시에, 왼손은 위를 둥글게 감으면서 허리로 거두어들이고 우권은 우측을 향해 찔러친다. 권심은 아래를 향하고, 눈은 우측을 본다.

⑩ 수식收式─두 발을 모으고, 양권은 허리에 바르게 댄다.

單　拳

【第二】

磐搋拳

實演 崔基俊

磐擂拳

1 예비식豫備式 ─ 두 발을 모으고, 양권은 허리에 바르게 댄다.
양권심은 위를 향하고, 눈은 앞을 본다.

1

2—①

② 기식起式 1—양권을 장으로 바꾸면서 앞을 향해 오른손목을 왼손목 위에 교차하여 뻗는다. 장심은 위를 향하고, 장지掌指는 앞을 향한다.

기식起式 2—위 동작에 이어서 양장은 손목을 돌리면서 머리 위로 들어올려 권으로 변화하고, 권심은 앞을 향한다.

기식起式 3—이어서 양권은 좌우로 원을 그리면서 허리로 거두어들인다.

기식起式 4—이어서 양장을 앞을 향해 나란히 뻗는다. 양장심은 앞을 향한다.

기식起式 5—이어서 양권을 허리로 거두어 양권심이 위를 향하게 허리에 바르게 댄다.

2—②

2—③

磐搏拳

2—④

2—⑤

3

③ 몸을 좌로 90도 돌리면서 왼발이 앞으로 일 보 나아가 좌궁보 左弓步를 만드는 동시에, 왼손은 앞을 향해 둥글게 감아 허리로 거두어들이고 우권은 장으로 변화하여 앞을 향해 밀어친다.

④ 오른발을 들어 앞을 향해 차면서[등퇴蹬腿] 동시에 우장은 권으로 변화하여 허리로 거두어들이고, 좌권은 장으로 바꾸면서 앞을 향해 밀어친다.

⑤ 이어서 오른발을 일 보 앞으로 내리면서 왼발을 들어 앞을 향해 차는[등퇴蹬腿] 동시에, 좌장은 권으로 변화하여 허리로 거두어들이고 오른손은 장으로 앞을 향해 밀어친다.

4

5

6

⑥ 이어서 왼발을 오른발 일 보 앞으로 내리면서 좌궁보左弓步를 만드는 동시에, 우장은 권으로 변화하여 허리로 거두어들이고 왼손은 장으로 앞을 향해 밀어친다.

⑦ 오른발이 앞으로 일 보 나아가 우궁보右弓步를 만들고, 동시에 우권은 팔을 굽혀 앞을 향해 밖에서 안으로 돌려쳐[반주盤肘] 좌장과 마주친다. 왼손 장지掌指는 앞을 향하고, 오른손 권심은 아래를 향한다.

7

7 – 정면

8

⑧ 위 동작에 이어서 왼발이 앞으로 일 보 나아가 좌궁보左弓步를 만들고, 오른손은 앞을 향해 둥글게 감아 허리로 거두면서 동시에 좌장은 권으로 바꿔 앞을 향해 아래로 찔러친다.

⑨ 이어서 좌궁보左弓步는 변하지 않고, 좌권을 허리로 거두어들이면서 우권은 앞을 향해 아래로 찔러친다.

⑩ 두 발을 틀어 몸을 우측으로 180도 돌리면서 오른발 무릎을 굽혀 우궁보右弓步를 만드는 동시에, 오른손은 몸을 따라 앞을 향해 둥글게 감아 허리로 거두어들이고 좌권은 앞을 향해 찔러친다.

9

10

11

　⑪ 위 동작에 이어서 우궁보右弓步는 변하지 않고, 좌권은 팔꿈치를 굽혀 아래로 누르면서[권심은 아래를 향한다] 우권은 팔을 굽혀 앞을 향해 위로 올려친다.[좌충권挫沖拳] 권심은 안을 향한다.

　⑫ 왼발이 앞으로 일 보 나아가 몸을 좌측으로 90도 돌리면서 오른발을 들어 독립보獨立步를 만든다. 동시에 왼손이 몸을 따라 앞을 향해 둥글게 감아 장掌으로 바꾸고, 우권은 앞을 향해 밖에서 안으로 휘둘러치면서[권추圈捶] 좌장과 마주친다.[권심은 아래를 향한다.]

12

⑬ 위 동작에 이어서 몸을 우측으로 90도 돌리면서 오른발을 왼발 일 보 앞에 내리고 무릎을 굽혀 일좌보─坐步를 만든다. 동시에 양손은 변하지 않고, 몸을 따라 앞을 향해 오른손 팔뚝으로 밀어친다.〔횡권橫拳〕

⑭ 몸을 일으키면서 왼발이 앞으로 일 보 나아가 몸을 우측으로 90도 돌리면서 기마보騎馬步를 만드는 동시에 오른손은 몸을 따라 나아가면서 둥글게 감아 장으로 바꾸고, 왼손은 권으로 위에서 아래로 내리쳐〔논벽권掄劈拳〕오른손 장掌과 마주친다. 권심은 우측을 향하고, 눈은 좌측을 본다.

13

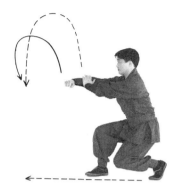

14

15

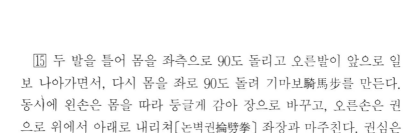

　⑮ 두 발을 틀어 몸을 좌측으로 90도 돌리고 오른발이 앞으로 일
보 나아가면서, 다시 몸을 좌로 90도 돌려 기마보騎馬步를 만든다.
동시에 왼손은 몸을 따라 둥글게 감아 장으로 바꾸고, 오른손은 권
으로 위에서 아래로 내리쳐[논벽권掄劈拳] 좌장과 마주친다. 권심은
좌측을 향하고, 눈은 우측을 본다.

　⑯ 두 발을 틀어 몸을 좌측으로 90도 돌리면서 좌궁보左弓步를
만든다. 동시에 왼손은 몸을 따라 앞을 향해 둥글게 감아 장으로 변
화하고[장지는 위를 향한다], 우권은 앞을 향해 밖에서 안으로 휘둘
러치면서[권추圈捶] 좌장과 마주친다. 권심은 아래를 향한다.

16

16 - 정면

⑰ 오른손은 허리로 거두어들이고, 왼손은 권으로 바꿔 앞을 향해 찔러치면서 동시에 오른발을 들어 앞을 향해 찬다.[앞차기]

⑱ 위 동작에 이어서 오른발을 왼발 일 보 앞으로 내리면서 우궁보右弓步를 만든다. 동시에 좌권은 장으로 변화하고[장지는 앞을 향한다], 우권은 팔꿈치를 굽혀 앞을 향해 밖에서 안으로 돌려쳐[반주盤肘] 좌장과 마주친다.[권심은 아래를 향한다.]

⑲ 이어서 우궁보右弓步는 변하지 않고, 좌장을 권으로 바꾸면서 머리 위 전방으로 들어올려 받쳐들고[권심은 앞을 향한다] 동시에 우권은 앞을 향해 찔러친다. 권심은 좌측을 향한다.

17

18

18 - 배면

磐擂拳

19

20

21

⑳ 왼발이 먼저 뛰어오르면서 오른발을 들어 앞을 향해 위로 올려찬다. [이기각二起脚] 온몸이 공중에 떠 있을 때 오른손은 앞을 향해 내밀어 오른발 발등과 마주친다.

㉑ 위 동작에 이어서 두 발을 땅에 내려디디고, 몸을 좌측으로 90도 돌리면서 기마보騎馬步를 만드는 동시에 왼손은 위를 둥글게 감으면서 허리로 거두어들이고, 우권은 우측을 향해 찔러친다. 권심은 아래를 향하고, 눈은 우측을 본다.

22 - ① 배면도

　⟦22⟧ 수식收式 1—왼발을 들어 오른발과 나란히 모아서고, 동시에 우권을 허리로 거두어 양권을 허리에 바르게 댄다.

　수식收式 2—양권을 장으로 바꾸면서 앞을 향해 오른손목을 왼손목 위에 교차하여 뻗는다. 장심은 위를 향하고, 장지는 앞을 향한다.

　수식收式 3—위 동작에 이어서 양장은 손목을 돌리면서 머리 위로 들어올려 권으로 변화하고 권심은 앞을 향한다.

　수식收式 4—이어서 양권은 좌우로 원을 그리며 허리로 거두어 들인다.

　수식收式 5—이어서 양권을 장으로 바꾸어 아래로 내린다. 장지는 앞을 향하고, 장심은 아래를 향한다.

22 − ⑤ 배면도

※ 수식收式 1~4 는 예비식 참조

【第四】

剛氣對鍊

實演

강익홍 ／ 김대우

剛氣對鍊

1️⃣ 甲——무릎을 굽히면서 안시측신세雁翅側身勢를 취하고, 계속해서 몸을 우측으로 90도 돌리면서 손과 발을 바꿔 과호세跨虎勢를 취한다.

乙——무릎을 굽히면서 과호세跨虎勢를 취하고, 계속해서 몸을 우측으로 90도 돌리면서 손과 발을 바꿔 안시측신세雁翅側身勢를 취한다.

[참고] 안시측신세雁翅側身勢는 측신으로 나아가며 머무르지 않고, 발을 민첩하게 움직인다. 한 손은 허虛하고 한 손은 실實하며, 손과 발이 서로 따르면서 상대를 자르고, 내리치고, 밀고, 찌른다. 과호세跨虎勢는 발 끝을 옮길 때부터 나는 듯이 빠르고, 몸을 돌리면서 발로 차므로 상대가 예측하기 어렵게 한다. 왼쪽은 걸고, 오른쪽은 쓸어 버리니 마치 칼로 자르는 것같이 매우 맹렬하다.

1

2

2 甲—乙을 향해 왼발을 일 보 옮겨디디고, 오른발로 앞차기를 한다.

乙—왼발이 뒤로 일 보 물러나면서 양손으로 甲의 오른발을 막는다.

3 甲—이어서 오른발을 일 보 앞으로 내려디디면서 왼발을 들어 乙을 향해 앞차기를 한다.

乙—오른발이 뒤로 신속하게 일 보 물러나면서 양손으로 甲의 왼발을 막는다.

3

3 – 부분

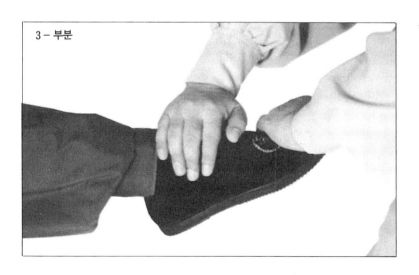

④ 甲—신속하게 왼발을 오른발 좌측 일 보 옆으로 옮기면서 왼 무릎을 굽혀 과호세跨虎勢를 취하고, 계속해서 몸을 우측으로 90도 돌리면서 손과 발을 바꿔 안시측신세雁翅側身勢를 취한다.

乙—乙 또한 신속하게 왼발을 들어 오른발 좌측 일 보 옆으로 옮겨디디면서 왼무릎을 굽혀 안시측신세雁翅側身勢를 취하고, 계속해서 몸을 우측으로 90도 돌리면서 손과 발을 바꿔 과호세跨虎勢를 취한다.

⑤ 甲—오른발이 앞으로 일 보 나아가면서〔우궁보右弓步〕오른손 붕권崩拳으로 乙의 머리를 향해 뻗어친다.

乙—오른발이 앞으로 일 보 나아가면서〔우궁보右弓步〕오른손을 위로 들어올려 甲의 오른팔을 막는다.

4

5

6

16— 배면

⑥ 甲—왼발이 앞으로 일 보 나아가면서 왼손으로 乙의 오른팔을 누르고, 동시에 오른손 권추圈捶로 乙의 머리를 향해 휘둘러친다.
乙—왼팔로 甲의 오른손을 막는다.

⑦ 乙—동시에 신속하게 오른팔꿈치를 굽혀 반주盤肘로 甲의 가슴을 향해 돌려친다.
甲—왼팔뚝으로 乙의 오른팔꿈치를 밀어낸다.

7 - ①

7 -②

8

⑧ 甲―동시에 몸을 좌측으로 돌리고, 오른발이 일 보 나아가면서 오른팔꿈치를 굽혀 乙의 가슴을 향해 반주盤肘로 돌려친다.

乙―오른발을 우측으로 일 보 옮기면서 왼손으로 甲의 오른팔을 밀어낸다.

⑨ ①甲―위 동작에 이어서 눈은 계속 乙을 바라보면서 왼발을 오른발 일 보 앞에 옮겨디디는 동시에 우측으로 몸을 돌려 乙을 향한다.

乙―甲을 향해 왼발을 오른발 일 보 앞에 옮겨디딘다.

②乙―연이어 신속하게 오른발을 들어 하복부를 향해 앞차기를 한다.

9

10

⑩ 乙—오른발을 왼발 일 보 앞에 내려디디면서, 甲의 안면을 향해 오른손 충권衝拳으로 찔러친다.

甲—오른손으로 乙의 오른팔을 우측으로 막으면서 젖힌다.

⑪ 甲—이어서 왼발이 앞으로 일 보 나아가면서 동시에 乙의 머리를 향해 왼손 권추圈捶로 휘둘러친다.

乙—오른발이 뒤로 일 보 물러나면서, 동시에 오른손을 거두어 들여 甲의 왼손을 막는다.

⑫ 甲—이어서 오른손 재권栽拳으로 乙의 복부를 향해 찔러친다.

乙—왼손으로 甲의 오른손을 아래로 누르면서 좌측으로 젖혀 막는다. 장지掌指는 아래를 향한다.

11

12

13

⑬ 乙—이어서 오른발이 앞으로 일 보 나아가면서 동시에 오른손 권추圈捶로 甲의 머리를 향해 휘둘러친다.

甲—오른팔꿈치를 굽혀 위로 들어올리면서 乙의 손을 막는다.

⑭ 甲—이어서 몸을 우측으로 90도 돌리면서 왼손 권추圈捶로 乙의 머리를 향해 휘둘러친다.

乙—몸을 아래로 낮추면서 甲의 왼손을 피한다.

⑮ 甲—이어서 왼발을 들어 오른발 우측 일 보 옆에 옮겨디디면서 몸은 계속 우측으로 270도 돌아 乙을 향하고[우궁보右弓步] 동시에 오른손 벽권劈拳으로 乙의 머리를 향해 내리친다.

乙—몸을 일으키면서 오른손을 들어올려 甲의 오른손을 막는다.

14

15

16

16 乙―이어서 오른발이 앞으로 반 보 나아가 몸을 낮추면서[일좌보一坐步] 동시에 甲의 우측 허리를 향해 왼손 충권衝拳으로 찔러친다.

甲―오른손으로 乙의 왼손을 누르면서 우측으로 젖혀 막는다. 장지掌指는 아래를 향한다.

17 乙―이어서 몸을 일으키면서[우궁보右弓步] 동시에 甲의 가슴을 향해 오른손 충권衝拳으로 찔러친다.

甲―계속해서 오른손으로 乙의 오른손을 좌측으로 젖혀 막는다. 장지掌指는 위를 향한다.

17

[18] 甲─이어서 왼무릎을 들어올리면서[독립보獨立步] 동시에 왼손 장지掌指로 乙의 안면을 향해 찌른다.[장지掌指는 앞을 향하고, 장심掌心은 아래를 향한다.]

乙─왼무릎을 들어올리면서[독립보獨立步] 동시에 왼손은 甲의 왼손을 맞받으며, 장지掌指로 甲의 안면을 향해 찌른다.[장지掌指는 앞을 향하고, 장심掌心은 아래를 향한다.]

□ 甲, 乙 두 사람의 왼손은 서로 스쳐 부딪치면서 교차된다.

18

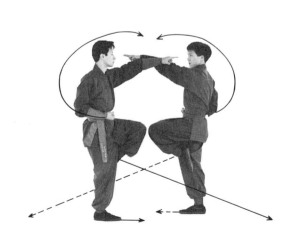

剛氣對鍊

19

　　⑲ 甲—왼발을 오른발 일 보 앞에 내려디디고, 몸을 우측으로 180도 돌리면서 乙의 머리를 향해 오른손 붕권崩拳으로 뻗어친다.

　　乙—동시에 왼발을 오른발 일 보 앞에 내려디디고, 몸을 우측으로 180도 돌리면서 甲의 머리를 향해 오른손 외횡권外橫拳으로 휘둘러친다.

　　□甲, 乙 두 사람의 오른손은 서로 부딪친다.

20

20 甲─이어서 왼무릎을 들어올리면서[독립보獨立步] 동시에 乙의 안면을 향해 왼손 장지掌指로 찌른다. 장심掌心은 아래를 향한다.

乙─왼무릎을 들어올리면서[독립보獨立步] 동시에 甲의 안면을 향해 왼손 장지掌指로 찌른다.[장심掌心은 아래를 향한다.]

□甲, 乙 두 사람의 왼손은 서로 스쳐 부딪치면서 교차된다.

21

⧈ 乙—이어서 독립보獨立步는 변하지 않고, 오른손 충권衝拳으로 甲의 안면을 향해 찔러친다.〔권심拳心은 아래를 향한다.〕

甲—독립보獨立步는 변하지 않고, 오른손을 위로 들어올리면서 乙의 오른손을 막는다.

⧈ 乙—이어서 甲의 오른쪽 가슴을 향해 왼손 충권衝拳으로 찔러친다. 권심은 우측을 향한다.

甲—오른손을 굽혀 거두어들이면서 乙의 왼손을 아래로 누르며 막는다.

마르쉬

22

23

[23] 乙─이어서 왼발을 뒤로 일 보 물러디디면서 오른발은 발뒤꿈치를 들고[허보虛步], 양손은 장掌으로 오른손을 앞에 놓고 칠성수七星手를 취한다.

甲─동시에 왼발을 뒤로 일 보 물러디디면서 오른발 뒤꿈치를 들고[허보虛步], 양손은 장掌으로 오른손을 앞에 놓고 칠성수七星手를 취한다.

[24] 乙─오른발이 앞으로 일 보 나아가면서[우궁보右弓步] 오른손 붕권崩拳으로 甲의 안면을 향해 뻗어친다.

甲─동시에 오른발을 앞으로 내디디고[우궁보右弓步], 오른손으로 乙의 오른손을 막는다.

24

25

26

25 乙 ― 오른손으로 甲의 오른손을 우측으로 젖히면서 왼발이 앞으로 일 보 나아가는〔우궁보右弓步〕동시에, 甲의 머리를 향해 왼손 권추圈捶로 휘둘러친다.

甲 ― 몸을 아래로 낮추면서 乙의 왼손을 피한다.〔눈은 乙을 본다.〕

26 乙 ― 이어서 양손을 나란히 하여 왼손은 甲의 안면을 향하고〔권심은 아래를 향한다〕오른손은 甲의 가슴을 향하여〔권심은 위를 향한다〕횡권橫拳으로 휘둘러친다.

甲 ― 양손의 팔꿈치를 나란히 굽혀 세워서 乙의 양손을 막는다.

27 乙 ― 이어서 오른발을 들어 甲의 하복부를 향해 앞차기를 한다.

甲 ― 오른발이 뒤로 일 보 물러나면서 양손으로 乙의 오른발을 막는다.

27

28

29

28 甲—이어서 오른발을 들어 乙의 하복부를 향해 앞차기를 한다.

乙—오른발이 뒤로 일 보 물러나면서 양손으로 甲의 오른발을 막는다.

29 甲—이어서 오른발을 일 보 앞으로 내려디디면서[우궁보右弓步] 오른손 충권衝拳으로 乙의 안면을 향해 찔러친다.

乙—왼발 뒤꿈치를 들면서[좌허보左虛步] 왼팔꿈치를 굽혀 甲의 오른손을 좌측으로 젖혀 막는다. 권심은 안을 향한다.

30 甲—이어서 궁보弓步는 변하지 않고, 왼손 충권衝拳으로 乙의 복부를 향해 찔러친다. 권심은 아래를 향한다.

乙—허보虛步는 변하지 않고, 오른손으로 甲의 왼손을 아래로 누르면서 우측으로 젖혀 막는다. 장지掌指는 아래를 향한다.

30

31

③ 乙—이어서 왼발을 앞으로 옮겨디디면서[좌궁보左弓步] 甲의 눈을 향해 왼손 장지掌指로 찌른다.

　甲—오른손으로 乙의 왼손을 좌측으로 밀어젖힌다.

③ 甲—이어서 양무릎을 굽혀 앉으면서[일좌보─坐步] 왼손 충권衝拳으로 乙의 좌측 허리를 향해 찔러친다. 권심은 우측을 향한다.

　乙—왼발을 거두어들여 좌허보左虛步를 만들고, 왼손으로 甲의 왼손을 아래로 누르면서 좌측으로 젖혀 막는다. 장지掌指는 아래를 향한다.

剛氣對鍊

32

33

③③ 乙―이어서 다시 왼발을 들어 앞으로 옮겨디디고, 양발의 무릎을 굽혀 앉으면서[일좌보—坐步] 甲의 좌측 허리를 향해 오른손 충권衝拳으로 찔러친다.

甲―왼발은 땅을 딛고, 오른발은 발뒤꿈치를 들면서[우허보右虛步] 오른손으로 乙의 왼손을 좌측으로 밀어젖힌다. 장심은 좌측을 향하고, 장지掌指는 앞을 향한다.

③④ 乙―이어서 오른발을 들어 甲의 하복부를 향해 등퇴蹬腿로 찬다.

甲―양손으로 乙의 오른발을 좌측으로 밀어젖힌다. 양장심은 좌측을 향한다.

34—①

34 — ②

35

③⑤ 乙—이어서 몸을 우측으로 돌리는 동시에 甲의 하체를 오른발 후소퇴後掃腿로 쓸어돌린다.

甲—두 발로 뛰어오르면서 乙의 오른발을 피한다.

③⑥ 甲—이어서 떨어져 내려오면서 오른발 뒤꿈치로 乙의 머리를 위에서 찍어내린다. 발 끝은 위를 향한다.

乙—양손을 머리 위로 올려 교차시키면서 왼손으로 甲의 오른발을 좌측으로 밀어젖히면서 막는다.

③⑦ 乙—이어서 몸을 일으키면서 甲의 머리를 향해 오른발 내파각內擺脚으로 휘둘러찬다.

甲—오른발을 왼발 우측 일 보 옆에 내려디디고, 상체를 숙이면서 우측에서 좌측으로 옮겨 乙의 오른발을 피한다.

36

37—①

37—②

38 乙―이어서 그 자리에서 오른발 앞차기로 乙의 하복부를 찬다. 발등은 비스듬히 우측 위를 향한다.

甲―그 자리에서 상체를 우측으로 옮기면서 양손으로 乙의 오른발을 막는다.

39 乙―이어서 오른발을 왼발 우측 일 보 옆에 내려디디면서 동시에 甲의 안면을 향해 오른손 충권衝拳으로 찔러친다.

甲―그 자리에서 왼손으로 乙의 오른손을 좌측으로 젖혀 막는다. 장심은 안을 향하고, 장지掌指는 위를 향한다.

38

剛氣對鍊

39

40

41

⌈40⌋ 乙 ─ 이어서 오른손을 거두어들이면서 왼손 충권衝拳으로 甲의 안면을 향해 찔러친다.

甲 ─ 그 자리에서 왼손으로 乙의 왼손을 우측으로 젖혀 막는다. 장심은 우측으로 향한다.

⌈41⌋ 乙 ─ 이어서 왼손을 거두어들이면서 오른손 충권衝拳으로 甲의 안면을 향해 찔러친다.

甲 ─ 갑은 오른손으로 乙의 오른손을 위로 들어올려 막으면서 우측으로 젖힌다.

42—①

42—②

43

[42] 甲—이어서 오른발 외파각外擺脚으로 乙의 안면을 향해 휘둘러찬다.

乙—그 자리에서 상체를 숙이면서 좌측으로 몸을 기울여 甲의 오른발을 피한다.

[43] 乙—위 동작에 이어서 상체를 우측으로 옮기면서 몸을 일으키는 동시에 甲의 머리를 향해 오른손 권추圈捶로 휘둘러친다.

甲—오른발을 왼발 우측 일 보 옆에 내려디디면서 왼손으로 乙의 오른손을 막는다.

[44] 甲—이어서 乙의 머리를 향해 오른손 권추圈捶로 휘둘러친다.

乙—그 자리에서 왼손으로 甲의 오른손을 막는다.

44

45—①

45—②

45 甲―이어서 왼발을 오른발 일 보 앞으로 옮기면서 오른손은 乙의 왼손을 누르고, 동시에 왼손은 乙의 머리를 향해 권추圈捶로 휘둘러친다. 계속해서 몸을 우측으로 180도 돌리면서 오른손은 乙을 향해 횡권橫拳으로 휘둘러치고, 왼손은 오른팔꿈치 옆에 놓는다. 연이어 오른발이 뒤로 일 보 물러나면서 왼발 뒤꿈치를 들어 좌허보左虛步를 이루는 동시에 양손은 손을 바꾸어 왼손을 앞에 놓고 칠성수七星手를 취한다.

乙―왼발을 오른발 일 보 앞으로 옮겨디디고, 몸을 낮추면서 甲의 왼손을 피한 후 몸을 일으키면서 우측으로 180도 돌아 甲을 향하는 동시에 오른손은 甲을 향해 횡권橫拳으로 휘둘러치고, 왼손은 오른팔꿈치 옆에 놓는다. 연이어 오른발이 뒤로 일 보 물러나면서

45—③

왼발 뒤꿈치를 들어 좌허보左虛步를 이루는 동시에, 양손은 손을 바꾸어 왼손을 앞에 놓고 칠성수七星手를 취한다.

　□ 甲과 乙의 오른손 횡권橫拳은 서로 스치며 지나간다.

　46 乙―오른발이 앞을 향해 일 보 뛰어나가고, 연이어 왼발이 뛰어나가[좌궁보左弓步] 동시에 甲의 안면을 향해 오른손 충권衝拳으로 찔러친다.
　甲―그 자리에서 왼발은 무릎을 굽혀 땅을 디디면서[좌궁보左弓步] 동시에 乙의 안면을 향해 왼손 충권衝拳으로 乙의 오른손을 퉁기면서 찔러친다.

46

47

48

　　47 乙—이어서 궁보弓步는 변함 없이 오른손을 거두어들이는 동시에, 甲의 안면을 향해 왼손 충권衝拳으로 찔러친다.

　　甲—왼손을 거두어들이는 동시에 乙의 안면을 향해 오른손 충권衝拳으로 乙의 왼손을 퉁기면서 찔러친다.

　　48 乙—이어서 궁보는 변함 없이 왼손을 거두어들이는 동시에, 甲의 안면을 향해 오른손 충권衝拳으로 찔러친다.

　　甲—오른손을 거두어들이는 동시에 왼손은 乙의 안면을 향해 충권衝拳으로 乙의 오른손을 퉁기면서 찔러친다.

49

49 乙—이어서 甲의 하복부를 향해 오른발 앞차기를 한다.

　甲—왼발이 뒤로 일 보 물러나면서 양손으로 乙의 오른발을 막는다.

50 乙—이어서 오른발을 왼발 일 보 앞에 내려디디면서[우궁보右弓步] 동시에 오른손 충권衝拳으로 甲의 안면을 향해 찔러친다.

　甲—오른손으로 乙의 오른손을 위로 들어올리면서 막는다.

51 甲—이어서 乙의 오른쪽 옆구리를 향해 왼손 충권衝拳으로 찔러친다. 권심은 우측을 향한다.

　乙—허리를 움츠리면서 오른손을 아래로 내려 甲의 왼손을 우측으로 젖혀 막는다. 장지掌指는 아래를 향한다.

50

51

52 乙—이어서 甲의 머리를 향해 오른손 권추로 휘둘러친다.

甲—양팔꿈치를 굽히고 나란히 세워서 乙의 오른손을 막는다. 양권심은 서로 마주 본다.

53 甲—이어서 오른손 붕권崩拳으로 乙의 목을 향해 뻗어친다.

乙—좌장左掌으로 甲의 오른손을 밀어 막으면서 오른발이 뒤로 일 보 물러난다. 팔꿈치는 구부리고 장지는 우측을 향한다.

54 甲—이어서 왼발이 앞으로 일 보 나아가면서[좌궁보左弓步] 오른손을 거두어들이는 동시에, 왼손은 乙의 좌측 허리를 향해 재권栽拳으로 찔러친다.

乙—오른손을 거두어들이는 동시에 왼손으로 乙의 왼손을 누르면서 좌측으로 젖혀 막는다. 장지掌指는 아래를 향한다.

52

53

54

55

55 乙—이어서 왼무릎을 굽히면서[좌궁보左弓步] 동시에 甲의 안면을 향해 오른손 충권衝拳으로 찔러친다.

　甲—왼발 뒤꿈치를 드는[좌허보左虛步] 동시에 왼손을 거두어들이면서 오른손으로 乙의 오른손을 우측으로 젖혀 막는다.

56 甲—이어서 그 자리에서 좌궁보左弓步를 만들면서 乙의 안면을 향해 왼손 충권衝拳으로 찔러친다.

　乙—오른손을 거두어들이는 동시에 왼손으로 甲의 왼손을 우측으로 밀어치면서 막는다. 장심은 우측을 향하고, 장지掌指는 위를 향한다.

剛氣對鍊

56

57

57 甲―이어서 좌궁보左弓步는 변하지 않고, 왼손을 거두어들이는 동시에 오른손은 乙의 안면을 향해 충권衝拳으로 찔러친다.

乙―왼손을 거두어들이면서 오른손으로 甲의 오른손을 좌측으로 밀어치면서 막는다. 장심은 좌측을 향하고, 장지掌指는 위를 향한다.

58 甲―이어서 오른발 앞차기로 乙의 하복부를 향해 찬다.

乙―왼발이 뒤로 일 보 물러나면서 양손으로 甲의 오른발을 우측으로 젖혀 막는다.

58―①

58—②

乙―이어서 먼저 왼발이 앞을 향해 위로 뛰어오르는 동시에 오른발을 들어 甲의 상단부를 향해 돌려차기로 찬다.

甲―오른발을 왼발 좌측 일 보 옆으로 옮겨디디고, 연이어 왼발을 오른발 좌측 일 보 옆으로 옮겨디디면서 양팔꿈치를 굽혀 나란히 세워 乙의 오른발을 막는다. 양권심은 서로 마주 본다.

60 甲―이어서 乙의 하복부를 향해 오른발 앞차기를 한다.

乙―왼발이 먼저 땅에 떨어진 후 오른발이 왼발 옆으로 떨어지기 전에 다시 신속하게 왼발을 들어 일 보 물러나면서 동시에 양손으로 甲의 오른발을 막는다.

60

61

62

⑥ 甲―이어서 오른발을 왼발 일 보 앞에 내려디디면서[우궁보 右弓步] 乙의 복부를 향해 왼손 충권衝拳으로 찔러친다.

乙―오른손으로 甲의 왼손을 아래로 누르면서 막는다.

⑥ 甲―이어서 왼손을 거두어들이면서 乙의 안면을 향해 오른손 충권衝拳으로 찔러친다.

乙―오른손으로 甲의 오른손을 우측으로 젖혀 막는다.

⑥ 乙―이어서 왼손 장외연掌外沿으로 甲의 안면을 향해 밀어친다. 장심掌心은 아래를 향한다.

甲―왼손으로 乙의 왼손을 막는다.

63

64 甲―이어서 오른발은 뒤꿈치를 들어당기면서 우허보右虛步를 만들고, 양장兩掌은 오른손을 앞에 놓고 칠성수七星手를 취한다.

乙―왼발을 뒤로 반 보 옮기고, 이어서 오른발은 뒤꿈치를 들어당기면서 우허보右虛步를 만들고, 양장兩掌은 오른손을 앞에 놓고 칠성수七星手를 취한다.

65 수식收式 : 甲―오른발을 들어 왼발 옆에 나란히 모아서면서 두 손을 허리로 거두어들여 바르게 댄다. 권심은 위를 향하고, 눈은 앞을 본다.

乙―오른발을 들어 왼발 옆에 나란히 모아서면서 두 손을 허리로 거두어들여 바르게 댄다. 권심은 위를 향하고, 눈은 앞을 본다.

□ 위의 59의 동작에 이어서 60의 동작을 하지 않고, 연환퇴법連環腿法으로 수련하고자 할 경우 그 동작은 다음과 같다.

66 乙―위 동작에 이어서 왼발이 먼저 땅에 떨어지고, 연이어 오른발이 왼발 우측 옆으로 떨어지는 동시에, 왼발은 완전히 쪼그려 앉아 축으로 삼고, 몸을 우측으로 360도 돌리면서 甲의 하체를 향해 오른발 후소퇴後掃腿로 한 바퀴 쓸어돌린다.

甲―몸을 우측으로 180도 돌리면서 먼저 오른발을 들어 우측으로 뛰어오르고, 연이어 왼발을 들어 선풍각旋風脚으로 휘둘러차면서 乙의 오른발을 피한다. 눈은 계속 乙을 본다.

67 乙―이어서 몸을 좌측으로 90도 돌리면서 오른발 전소퇴前掃腿로 甲의 하체를 쓸어차고, 계속해서 오른발을 축으로 삼아 몸을

좌측으로 270도 돌리면서 왼발 후소퇴後掃腿로 甲의 하체를 쓸어돌린다.

甲―몸을 좌측으로 180도 돌리면서 먼저 왼발을 들어 좌측으로 뛰어오르고, 연이어 오른발을 들어 선풍각旋風脚으로 휘둘러차면서 乙의 공격을 피한다. 위 동작에 이어서 오른발을 땅에 내린 다음, 다시 왼발을 들어 오른발 좌측 일 보 옆으로 옮기면서 몸을 우측으로 90도 돌리는[우허보右虛步] 동시에 양장은 오른손을 앞에 놓고, 칠성수七星手를 취한다.

68 乙―이어서 신속하게 몸을 우측으로 90도 돌려 일어나면서 甲을 향해 먼저 왼발이 일 보 나아가고 연이어 오른발 앞차기로 甲을 찬다.

甲―양손으로 乙의 오른발을 막는다.

69 乙―이어서 오른발을 왼발 일 보 앞에 내려디디는[우궁보右弓步] 동시에 甲의 안면을 향해 오른손 충권衝拳으로 찔러친다.

甲―왼발을 오른발 옆에 모으면서 오른손으로 乙의 오른손을 우측으로 젖혀 누른다. 장심은 위를 향하고, 장지掌指는 우측을 향한다.

70 乙―그 자리에서 계속해서 왼손 충권衝拳으로 甲의 안면을 찔러치면서 오른손을 거두어들인다.

甲―왼손으로 乙의 왼손을 위로 들어 막는다.

71 乙―이어서 甲의 복부를 향해 오른손 충권衝拳으로 찔러친다.

甲―허리는 움츠리면서 오른손으로 乙의 오른손을 아래로 눌러 막는다.

□ 위 동작에 이어서 甲, 乙 두 사람은 오른발이 뒤로 일 보씩 물러나 좌허보左虛步를 만드는 동시에 양장兩掌은 칠성수七星手를 취한다. 이어서 왼발을 오른발 옆에 모아 수식收式을 하고 마친다.

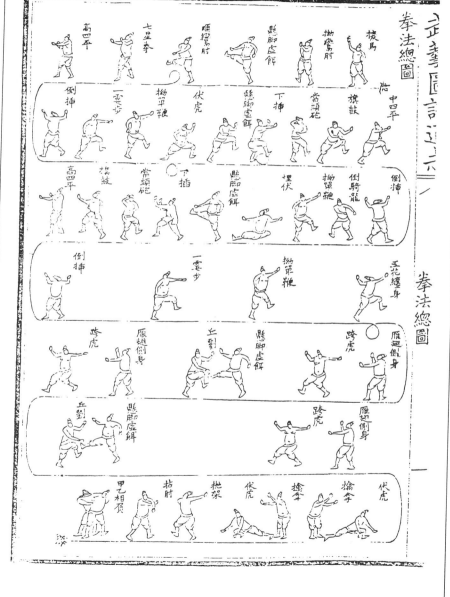

拳法總圖

拳法總圖

拳法總譜

起

按馬 — 拗鸞肘 — 懸脚虛餌 — 丹鳳朝陽 — 七星拳 — 高四平

倒插 — 倒騎龍 — 拗單鞭 — 埋伏 — 懸脚虛餌 — 下插 — 當頭砲 — 旗鼓 — 高四平

指當 — 井欄 — 雁翅側身 — 相迴立 — 甲懸脚虛餌 乙上劉 — 雁翅側身 — 相迴立 — 馬步甲 乙

兩對立 — 跨虎 — 一霎步 — 跨虎 — 一霎步 — 對面

七星拳 — 一霎步 — 丹鳳朝陽 — 韓信拜 — 一霎步 — 對面

十四中 — 拜謝 — 丹鳳朝陽 — 韓信拜 — 一霎步 — 對面

乙伏虎 甲擒拿跪越 — 甲伏虎 乙擒拿跪越 — 拋架 — 拈肘 甲背負乙橫舉倒擲乙下地立 乙背負甲橫舉倒擲甲下地立 終

武藝圖譜通志（二三）卷之四　拳法總譜　十六

야모츠라

拳法譜

五十七

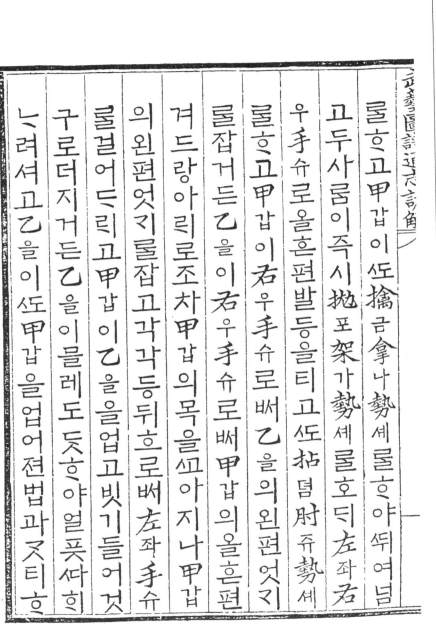

룰ᄒᆞ고甲갑이ᄯᅩ擒금拿나勢셰룰ᄒᆞ야ᄠᅱ여넘

고두사ᄅᆞᆷ이즉시抛포架가勢셰룰ᄒᆞ딕左좌弓

우手슈로올흔편발등을티고ᄯᅩ拈뎜肘쥬勢셰

룰ᄒᆞ고甲갑이君우手슈로뼈乙을의왼편엇기

룰잡거든乙을이君우手슈로뼈甲갑의올흔편

겨드랑아리로조차甲갑의목을ᄭᅵ아지나甲갑

의왼편엇기룰잡고각각등뒤흐로뼈左좌手슈

룰걸어드릴고甲갑이乙을을업고빗기들어것

구로더지거든乙을이를레도듯ᄒᆞ야열픗ᄯᅡ히

ᄂᆞ려셔고乙을이ᄯᅩ甲갑을업어젼법과ᄀᆞᆺ티ᄒᆞ

호ᄃᆡ 왼편으로 ᄎᆞ고 올흔편으로 ᄎᆞ고 몰아 ᄯᅩ 차
앏흐로 나아가거든 乙을 이 丘구劉류勢셰ᄅᆞᆯ ᄒᆞ
ᄃᆡ 左좌右우手슈로 막아 믈너오고 雁안翅시側
측身신勢셰와 跨과虎호勢셰ᄅᆞᆯ ᄒᆞ야 서ᄅᆞ도라
셔라 乙을 이 즉시 懸현脚각虛허餌이勢셰ᄅᆞᆯ ᄒᆞ
야 나아가거든 甲갑이 ᄯᅩ 丘구劉류勢셰ᄅᆞᆯ ᄒᆞ야
믈너오고 두사ᄅᆞᆷ이 즉시 雁안翅시側측身신勢
셰와 跨과虎호勢셰ᄅᆞᆯ ᄒᆞ야 서ᄅᆞ도라셔고 甲갑
이 나아가 伏복虎호勢셰ᄅᆞᆯ ᄒᆞ거든 乙을 이 擒금
拿나勢셰ᄅᆞᆯ ᄒᆞ야 ᄯᅱ여 너머 즉시 伏복虎호勢셰

ᄅᆞᆯ호ᄃᆡ一일字ᄌᆞ로나아가안ᄭᅩ니러셔며懸현
脚각虛허餌이勢셰ᄅᆞᆯᄒᆞ고인ᄒᆞ야下하揷삽勢
셰와當당頭두砲포勢셰ᄅᆞᆯᄒᆞ고ᄯᅩ旗긔鼓고勢
셰와高고四ᄉᆞ平평勢셰와倒도揷삽勢셰ᄅᆞᆯᄒᆞ
고즉시一일霎삽步보勢셰와拗요單단鞭편勢
셰ᄅᆞᆯᄒᆞ고즉시五오花화纏젼身신勢셰ᄅᆞᆯ호ᄃᆡ
右우手슈右우脚각으로올흔편으로도라두사
ᄅᆞᆷ이마조셔雁안翅시側측身신勢셰와跨과虎
호勢셰ᄅᆞᆯ호ᄃᆡ두손을開ᄀᆡ闔합ᄒᆞ며左좌右우
로셔ᄅᆞ交교고甲갑이懸현脚각虛허餌이勢셰ᄅᆞᆯ

인ᄒᆞ야下하揷삽勢세ᄅᆞᆯ호ᄃᆡ왼편으로ᄒᆞᆫ번돌
며右우手슈로左좌足족을ᄒᆞᆫ번티고즉시當당
頭두砲포勢세ᄅᆞᆯ호ᄃᆡ左좌手슈로앏흘막고右
우手슈로니마ᄅᆞᆯᄀᆞ리오며인ᄒᆞ야旗긔鼓고勢
세ᄅᆞᆯ호ᄃᆡ左좌右우편을감고ᄯᅩ中즁四ᄉᆞ平평
勢세ᄅᆞᆯ호ᄃᆡ右우手슈와左좌脚각으로뒤흘ᄒᆞᆫ
번디ᄅᆞ고인ᄒᆞ야倒도揷삽勢세ᄅᆞᆯᄒᆞ고앏흘도
라보며몸을도로혀倒도騎긔龍룡勢세ᄅᆞᆯ호ᄃᆡ
左좌右우手슈ᄅᆞᆯ여러버리고拗요單단鞭편勢
세ᄅᆞᆯᄒᆞ야앏흐로나아가인ᄒᆞ야埋미伏복勢세

티고인ᄒᆞ야七칠星셩拳권勢셰를호ᄃᆡ左좌右

우편으로감아高고四ᄉᆞ平평勢셰를호ᄃᆡ右우

手슈와左좌脚각으로앏흘흔번디르라즉시倒

도揷삽勢셰를호ᄃᆡ左좌右우手슈를놉히들어

뒤흘도라보며몸을도로혀뒤흘向향ᄒᆞ야一일

霎삽步보勢셰를호ᄃᆡ右우手슈를右우腋익의

씨고인ᄒᆞ야拗요單단鞭편勢셰를호ᄃᆡ흔거름

뛰여右우手슈로右우臀둔을티고인ᄒᆞ야伏복

虎호勢셰를호ᄃᆡ나아가안ㅈ며올흔편으로도

라니러셔며소懸현脚각虛허餌이勢셰를호고

拳권法법譜보

두사룸이각각左좌右우手슈로뼈넙흘시고雙쌍

으로엿다가쳐음으로撥탐馬마勢셰룰호디

右우手슈로왼편엇기룰터벗기고즉시拗요鸞란

肘쥬勢셰룰호디左좌手슈로올흔편엇기룰

터벗기고앏흐로나아가懸현脚각虛허餌이勢

세룰호디右우足죡으로右우手슈룰太고左좌

足죡으로左좌手슈룰太고右우足죡으로右우

手슈룰太고즉시順슌鸞란肘쥬勢셰룰호디왼

편으로흔번도라左좌手슈로右우足죡룰흔번

拳法譜　五十四

雀地龍下盤腿法前揭起
後進紅拳他退我雖顛補
衝來但當休延○朝陽手
偏身防腿無縫鎖逼退豪
英倒陳勢彈他一脚好毃
師也麼毃名

卷之四　拳法譜

十五

武藝圖譜通志

通神

神拳當面挿下進步火燄

攢心遇巧就拿就跌舉手

不得雷情〇一條鞭橫直

披砍兩進腿當面傷人不

怕他力粗膽大我巧好打

通神

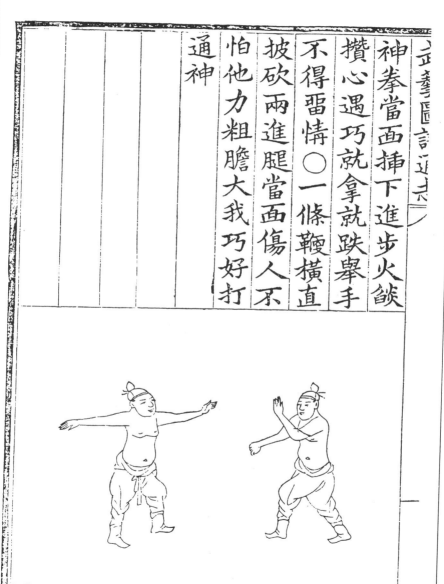

指當勢是箇丁法他難進
我好向前踢都滾蹟上面
急囬步顛短紅拳○獸頭
勢如牌挨進凭悷脚遇我
慌忙低驚高取他難防接
短披紅衝上

武藝圖譜通志　卷之四　拳法譜

十四

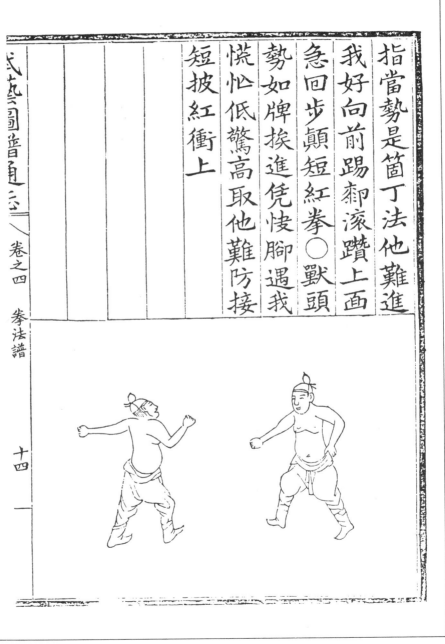

井欄四平直進剪臁踢膝

當頭滾穿劈靠抹一鈎鐵

攛將軍也走○鬼蹴脚搶

人先著補前掃轉上紅拳

背弓顛披揭起穿心肘靠

妙難傳

武藝圖譜通志 卷之四 拳法譜

増

懶扎衣出門架子變下
勢霎步單鞭對敵若無膽
向先空自眼明手便○金
雞獨立顛起裝腿橫拳相
兼搶背卧牛雙倒遭著叫
苦連天

武藝圖譜通志二

甲以右手攫乙左肩乙以

右手從甲右腋下絞過甲

項攫甲左肩各以背後勾

左手甲負乙橫舉倒擲之

乙作紡車旋霎然下地立

乙又負甲如前法畢

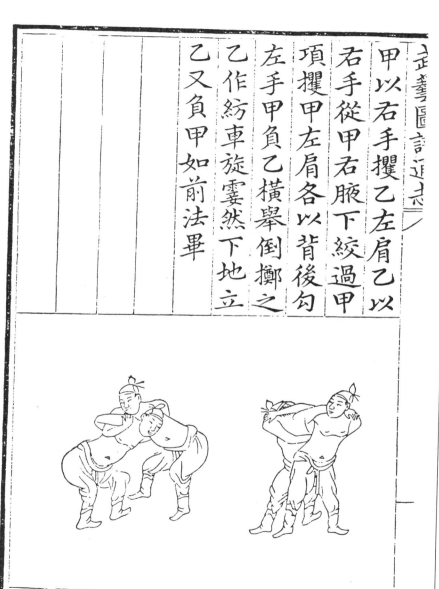

兩人卽作拋架勢左右手
打石足背又作拈肘勢

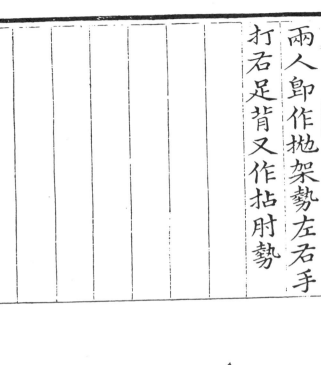

卷之四　拳法譜

十二

作擒拿勢跕趄

勢跕趄旋作伏虎勢甲亦

甲進作伏虎勢乙作擒拿

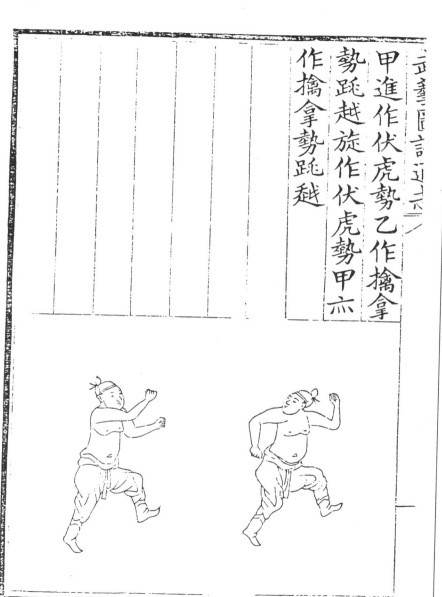

甲作懸脚虛餌勢左踢右

踢驅逐前進乙作拗劉勢

左右手遮退作雁翅側身

勢跨虎勢相廻立乙即作

懸脚虛餌勢進甲又作丘

劉勢退兩人即作雁翅側

身勢跨虎勢相廻立

兩人對立作雁翅側身勢
跨虎勢兩手開闔左右相
尋

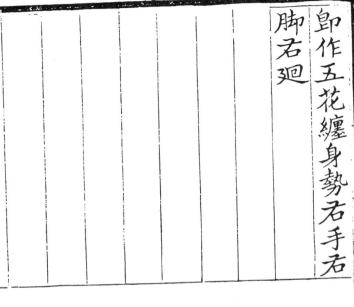

即作五花纏身勢右手右
脚右廻

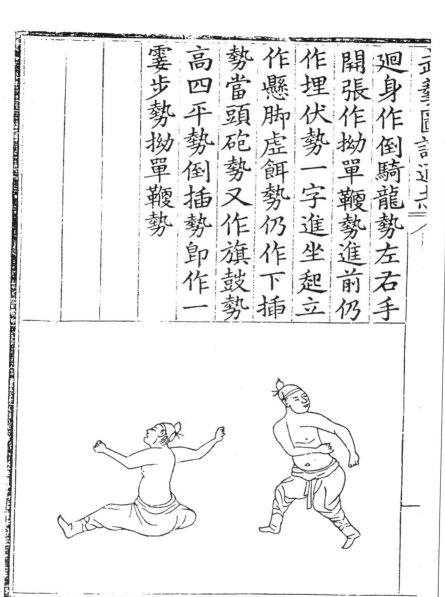

窶步勢拗單鞭勢

高四平勢倒插勢即作一

勢當頭砲勢又作旗鼓勢

作懸脚虛餌勢仍作下插

作埋伏勢一字進坐起立

開張作拗單鞭勢進前仍

廻身作倒騎龍勢左右手

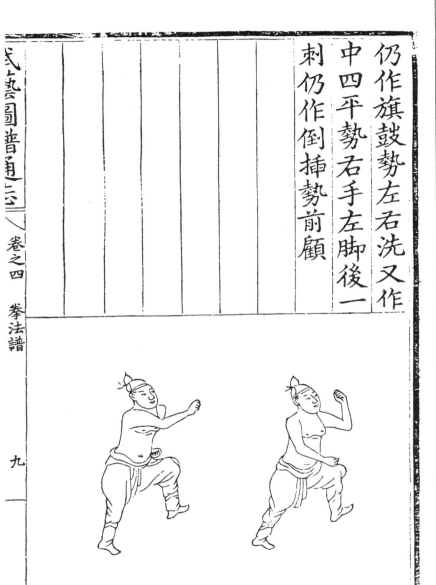

仍作旗鼓勢左右洗又作

中四平勢右手左脚後一

刺仍作倒插勢前顧

卷之四　拳法譜

九

仍作下插勢左一廻右手

左足一打卽作當頭砲勢

左手防前右手遮額

仍作拗單鞭勢跳一步右
手打右臀仍作伏虎勢進
坐右廻起立又作懸脚虛
餌勢

卷之四　拳法譜

八

《武藝圖譜通志》

即作倒插勢左右手高舉

後顧回身向後作一霎步

勢右手夾右腋

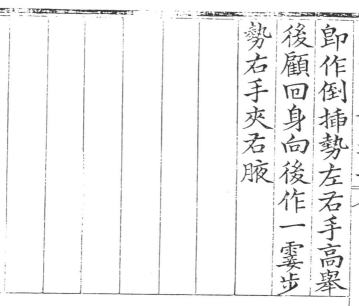

仍作七星拳勢左右洗作

高四平勢右手左脚前一

刺

七

一廻左手一打右足

蹴右手卽作順鸞肘勢左

蹴右手左足蹴左手右足

進前作懸脚虚餌勢右足

武藝圖譜通志二

拳法譜

原 兩人各以左右手夾腰

雙立初作拗馬勢右手打

開左肩旋作拗鸞肘勢左

手打開右肩

六

拳法要訣

초판발행 : 1992년 7월 1일
2쇄발행 : 2002년 8월 5일
3쇄발행 : 2009년 6월 20일

지은이 : 金光錫

東 文 選
제10-64호, 78. 12. 16 등록
110-300 서울 종로구 관훈동 74번지
전화 : 737-2795

ISBN 978-89-8038-377-1 94690

www.sippalki.com

【東文選 現代新書】

■ 경제적 공포〔메디치賞 수상작〕	V. 포레스테 / 김주경	7,000원
■ 古陶文字徵	高 明·葛英會	20,000원
■ 그리하여 어느날 사랑이여	이외수 편	4,000원
■ 너무한 당신, 노무현	현택수 칼럼집	9,000원
■ 노력을 대신하는 것은 없다	R. 쉬이 / 유혜련	5,000원
■ 노블레스 오블리주	현택수 사회비평집	7,500원
■ 딸에게 들려 주는 작은 지혜	N. 레흐레이트너 / 양영란	6,500원
■ 떠나고 싶은 나라―사회문화비평집	현택수	9,000원
■ 미래를 원한다	J. D. 로스네 / 문 선·김덕희	8,500원
■ 바람의 자식들―정치시사칼럼집	현택수	8,000원
■ 사랑의 존재	한용운	3,000원
■ 산이 높으면 마땅히 우러러볼 일이다	유 향 / 임동석	5,000원
■ 서기 1000년과 서기 2000년 그 두려움의 흔적들	J. 뒤비 / 양영란	8,000원
■ 서비스는 유행을 타지 않는다	B. 바게트 / 정소영	5,000원
■ 선종이야기	홍 희 편저	8,000원
■ 섬으로 흐르는 역사	김영회	10,000원
■ 세계사상	창간호~3호:각권 10,000원 / 4호: 14,000원	
■ 손가락 하나의 사랑 1. 2. 3	D. 글로슈 / 서민원	각권 7,500원
■ 십이속상도안집	편집부	8,000원
■ 얀 이야기 ① 얀과 카와카마스	마치다 준 / 김은진·한인숙	8,000원
■ 얀 이야기 ② 카와카마스와 바이올린	마치다 준 / 김은진·한인숙	9,500원
■ 어린이 수묵화의 첫걸음(전6권)	趙 陽 / 편집부	각권 5,000원
■ 오늘 다 못다한 말은	이외수 편	7,000원
■ 오블라디 오블라다, 인생은 브래지어 위를 흐른다	무라카미 하루키 / 김난주	7,000원
■ 이젠 다시 유혹하지 않으려다	P. 쌍소 / 서민원	9,000원
■ 인생은 앞유리를 통해서 보라	B. 바게트 / 박해순	5,000원
■ 자기를 다스리는 지혜	한인숙 편저	10,000원
■ 천연기념물이 된 바보	최병식	7,800원
■ 原本 武藝圖譜通志	正祖 命撰	60,000원
■ 테오의 여행 (전5권)	C. 클레망 / 양영란	각권 6,000원
■ 한글 설원 (상·중·하)	임동석 옮김	각권 7,000원
■ 한글 안자춘추	임동석 옮김	8,000원
■ 한글 수신기 (상·하)	임동석 옮김	각권 8,000원

【만 화】

■ 동물학	C. 세르	14,000원
■ 블랙 유머와 흰 가운의 의료인들	C. 세르	14,000원
■ 비스 콩프리	C. 세르	14,000원
■ 세르(평전)	Y. 프레미옹 / 서민원	16,000원
■ 자가 수리공	C. 세르	14,000원
▨ 못말리는 제임스	M. 톤라 / 이영주	12,000원
▨ 레드와 로버	B. 바세트 / 이영주	12,000원

東文選 文藝新書 74

본국검(本國劍)

海帆 金光錫 著

조선 검법의 이론과 실기의 교과서

본서는 무예의 기본 원리인 〈안법眼法〉·〈수법手法〉·〈신법身法〉·〈보법步法〉은 물론 검법의 기본원리인 〈파법把法〉·〈배수配手〉·〈연법 순서〉·〈격자격세법擊刺格洗法〉·〈육로도법六路刀法〉을 상세히 공개한 국내 최초의 무예서이다.

또한 〈본국검本國劍〉·〈예도銳刀〉·〈쌍수도雙手刀〉·〈제독검提督劍〉·〈쌍검雙劍〉·〈월도月刀〉·〈협도挾刀〉 등의 실기를 동작그림으로 도해하고 있는 바, 《무예도보통지》에 따른 검법劍法과 도법刀法의 이론을 겸한 실기도해實技圖解라는 점에서는 최초의 시도라 할 만하다.

부록에는 〈내장內壯 외용外勇〉·〈무언武諺〉과 참고자료로서 《무예제보武藝諸譜》의 〈검보劍譜〉, 《무비지武備志》의 〈조선세법朝鮮勢法〉 및 《무예도보통지》의 각 〈검법〉의 원보를 그대로 실었다.

〈내장 외용〉은, 검법 연습에 기초가 되는 기본공基本功의 훈련을 내장세內壯勢와 외용세外勇勢로 나누어 순서를 잡아 설명한 것이다.

〈무언〉은 역사적 슬기를 담은 일상생활 속의 속담과 마찬가지로 무예계에 전하고 있는 속어俗語인데, 짧은 어구語句이지만 무예의 기본정신과 나아가서는 수련의 방법까지를 일러 주는 것이니, 무예인 누구나 가까이 좌우명座右銘으로 삼을 만한 것들이다.

무예의 연마는 바로 무한한 자기 수양이요, 나아가서 그러한 과정을 거쳐 터득된 무예는 바로 예술이라 할 수 있다.

기격미技擊美와 기예미技藝美가 조화된 율동미와 자연미, 강인하면서도 유연한 강유상제剛柔相濟의 고매한 묘를 얻게 되어 끝내는 성품을 닦고 덕성을 기르게 되어 인격도야는 물론이요, 민족정신을 배양하는 첩경이다.

東文選 文藝新書 208

조선창봉교정
(朝鮮槍棒教程)

海帆 金光錫

  우리나라 전통무예이자 조선의 국기(國技)인 '십팔기(十八技)'의 유일한 전승자로서, 1987년 문화재위원장인 민속학자 심우성(沈雨晟) 선생과 함께 우리무예의 족보라 할 수 있는 《무예도보통지(武藝圖譜通志)》 실기해제 작업에서 그 실기를 담당하였던 김광석 선생의 장병기에 관한 해설 및 심도깊은 무예이론서.

  《권법요걸(拳法要訣)》《본국검(本國劍)》에 이어 나온 이 책은 '무예도보통지 부문별 실기해제작업'의 마무리이다. 고대 개인 병기 중 장병기에 해당하는 〈장창(長槍)〉〈죽장창(竹長槍)〉〈기창(旗槍)〉〈낭선(狼筅)〉〈당파(鏜鈀)〉〈곤봉(棍棒)〉〈편곤(鞭棍)〉 등에 관한 기본원리에서부터 실제운용하는 투로도해에 이르기까지 소상히 공개하고 있다.

  이로써 조선의 멸망과 함께 그 이름조차 빼앗겨버리고 일제시대에는 일본무술에게, 70년대 와서는 중국무술에게 그 자리를 내어주어야했던 우리의 무예 '십팔기'를 제자리에 정립시킴으로서 나라의 체통을 지킬 수 있는 기반을 마련하였다고 할 수 있겠다. 아울러 우후죽순처럼 생겨나서 자칭 전통무예임을 내세우는 출처불명의 온갖 오합지졸들이 정리되는 계기도 될 수 있을 것이며, 무예계는 물론 체육·무용·연극계의 발전에도 크게 기여할 것이다. 특히 진취적이며 역동적인 민족의 기상을 대내외에 자랑하는데에 첨병역할을 할 것임도 기대된다.